県庁マン
辰ちゃんの涙と笑いのこぼれ話

泉田辰二郎
IZUMIDA TATSUJIROU

目次

1　歩み始めた県庁吏員道程
～県職員事始め～

昭和三十九（１９６４）年四月一日、辰ちゃんは知事から熊本県事務吏員の辞令交付を受け採用された。

この年度の県職員採用は辰ちゃんをはじめ、幹部候補職員となる上級職が事務と技術の職員合わせて二十名程度、また一般職員となる初級職が同様に合わせて百五十名程度である。

辰ちゃんたちは初会合を開き、今年の秋に東京でオリンピックが予定されており、そのことに因《ちなみ》てこの新規採用職員の会、通称〝同期の桜の会〟を「熊輪会《ゆうりんかい》」と名付けて、親睦の会での愛称とすることにした。

そのことはさておいて、辰ちゃんたち新規採用職員は四月いっぱいは全員が人事課配属となり、県職員としての心構えなどについて研修を受ける。

公務員のことを戦前は官吏《かんり》といい、そのあるべき姿を吏道《りどう》と言っていた。研修では先輩職員などから現今の吏道の事例などを引き合いに出して公務員としての心構えなどを教わるのだった。

　こうして四月の研修期間が過ぎ、新規採用職員各人には、五月一日付でそれぞれの部署に配属されるべく辞令が交付された。

　辰ちゃんは熊本県八代事務所福祉課に勤務することになり、そこで社会福祉主事、ケース・ワーカーとして働くことになる。

2　ケース・ワーカーとなって

日本国憲法が昭和二十一年十一月三日に制定され、翌年五月三日から施行される。その憲法二十五条一項は「すべて国民は、健康で文化的な最低限度の生活を営む権利を有する」と定め、国は国民に対して健康で文化的な最低限度の生活を営む権利としての生存権を保障した。この生存権を実現するために昭和二十五年五月四日に生活保護法が公布されている。

辰ちゃんの職務である社会福祉主事、ケース・ワーカーの業務はこの生活保護法に基づき貧困や病気などで生活に困窮していて、世帯から生活保護の申請があればその家庭などを訪問してその相談に応じ、公正な救済施策を講じて生存権の保障を図ることにあった。

その生活保護行政の具体的な仕組みの概要を図示すれば次のとおりである。

要保護者

↓

民生委員と相談

↓

生活保護申請書の提出

↓

〈町・村〉←→〈市〉

〈町・村〉
役場内の福祉担当課が申請書を受理して県事務所福祉課に送付

↓

県事務所福祉課内にある**県福祉事務所**が申請書を受理して処遇

〈市〉
市役所内の**市福祉事務所**が申請書を受理して処遇

さて、辰ちゃんの勤務先県八代事務所福祉課の組織はケース・ワーカーが所属する保護係と要保護者への保護費や医療費などの支払い事務等に当たる福祉係があり、それぞれに係長がいてその上に課全体を統轄する課長がいる。その他に母子家庭などからの相談などに応じる嘱託職員などがいて全体で十五名程度の課員構成である。

なお、この福祉課は生活保護法に基づく行政機関としての「県八代福祉事務所」の看板も併せ持つ。

辰ちゃんは県八代事務所福祉課に勤務することになり早速、先輩の協力を得て事務所近くに下宿を探し出し、そこを住居として毎日、徒歩で事務所に通うことにした。

事務所では新規に社会福祉主事心得、つまりケース・ワーカーの見習いとなった辰ちゃんに係長や先輩たちが交代で教材「生活保護行政の手引き」をもとにその内容や手法などを連日、教示する。併せて対象となる世帯などに辰ちゃんを同伴して訪問し、その処遇方針や具体的な進め方などを訓導する。

さらに複雑なケースについては勤務時間外であっても辰ちゃんも加わった保護係全体で内容を検討し、意見を出し合い適正な処遇方針を導き出すためのケース検討会が夜遅くまで続いていた。辰ちゃんは係長や先輩ワーカーの指導のもと、自らは関連法規集を熟読しながら具体的な事例を参考にしてケース・スタディーに励み、ケースバイ・ケースに応じた処遇方針を見いだすべく努力に努力を重ねる毎日が続いてゆく。

辰ちゃんはこうしてケース・ワークについて係長や先輩諸氏の指導を受け、自らも熱心に研鑽《けんさん》を積むことで半年が過ぎた十月一日付で「心得」が解かれ、晴れて社会福祉主事、ケース・ワーカーとして独り立ちすることができたのだった。

そこで辰ちゃんに八代郡内の二村が割り当てられ、その対象世帯百二十ケースほどを受け持ち、担当することになった。

それでは独り立ちした辰ちゃんの日々の行動を他の先輩ケース・ワーカーの活動手順とともに追ってみよう。

毎朝、事務所では今日一日の連絡事項等を含めたミーティングがある。それが済むと各ケース・ワーカーは書類の入った大きなカバンを背にして事務所に備え付けてある自転車に乗り、未舗装の砂利道を担当町村役場へと向かう。役場では生活保護担当の「厚生主任」が待っていてワーカーと主任は当日の訪問世帯などについて十分に事前協議をする。その上で厚生主任の案内で、ときにはその地区担当の民生委員も加わり保護世帯を訪問し、当該世帯の意見などを聞き、その上で適正な保護がなされているか、あるいは自立に向けての方針などを細部にわたって協議検討する。

さて、これからは主題に則して辰ちゃんの勤務の中での〝こぼれ話〟をその都度、垣間見ていくことにしよう。

☺辰ちゃんの〝こぼれ話〟その（一）

前述の保護世帯の訪問調査で辰ちゃんが一番気を使うのがクライアント（保護世帯の家族）との交接の仕方である。各保護世帯に行くと通常客間に通されるがそこは低所得の家庭であることもあって畳の埃《ほこり》、障子の破れなどが普段に見られることが多い。そんな中でお茶が出される。そのお茶の入った茶碗も汚れていたり、縁が欠けていたりの碗もある。

辰ちゃんはそのお茶を受けて、その一啜《いっせつ》ができないでいる。それにひきかえ厚生主任や民生委員は慣れたものでいつも笑顔でその茶碗を取り上げては相手の好意に感謝を込めてお茶を飲み、世間話に花を咲かすのだった。

辰ちゃんはその光景を見て自分の心の未熟さを悟ると同時に、小学生のころ素読していた論語の一章を思い出す。

〝一言《いちげん》にして以《もっ》て身《み》を終《お》うるまで之《これ》を行《おこな》うべき者有《ものあ》りや。

子曰《しのたま》わく

其《そ》れ恕《じょ》か。己《おのれ》の欲《ほっ》せざる所《ところ》、人《ひと》に施《ほどこ》す勿《なか》れ。〟

「恕《じょ》」つまり思いやりの心の大切さである。辰ちゃんはそのとき思うのだった。保護世帯は困窮なるが故に訪問客に対して礼を尽くした十分なおもてなしができない。それでも保護世帯の家人は来客に対して精いっぱいの誠意を持ってお茶を差し出してくれているのだ。その〝思いやりの心〟にこちらも決して背いてはならないと。

辰ちゃんはそれから保護世帯を訪問しては相手に対して思いやりの心を持って笑顔で接し、誠心誠意で対応しながら出された一碗のお茶も感謝の心で飲み、その上で適正な生活保護行政に傾注するのだった。

閑話休題

さてここで記述を本来のケース・ワーカーの毎日の仕事の内容に戻すことにしよう。

一日の保護世帯の訪問調査が済み、夕刻事務所に戻ったワーカーはその日の各世帯の訪問調査の結果を十分検討し、これからの処遇方針を決める。その内容を整理してケース台帳に書き込み、その上で上司の決裁を受けて各ケースを処遇してゆく。辰ちゃんはその手順の中で少しでもケース内容に疑問があれば係長や先輩ワーカーに相談して助言を受け、問題の解決を図るのだった。

こうして辰ちゃんのケース・ワーカーとして尽力する毎日が続いてゆく。

☺辰ちゃんの〝こぼれ話〟その（二）

辰ちゃんをはじめ、同僚のケース・ワーカーのほとんどがくだんのとおり、事務所の自転車を借りて町村役場に行き、対象世帯を訪問しているが、中には仕事を効率的に行うために事務所に備え付けのバイクを利活用して各世帯を回っている人もいる。辰ちゃんはこのことに鑑み、意を決して近くにある自動車学校に通い自動車の運転免許証を取得することにした。

休日や夜間を利用しての学校通いのため苦労も多く、その取得期間は一般の人の倍以上にもなったが、努力のかいもあってどうにか自動車の運転免許証を取得することができた。

このことで辰ちゃんは事務所のバイクを利用することができ、一段と仕事の能率も上がり、本業に邁進《まいしん》する辰ちゃんであった。

☺辰ちゃんの〝こぼれ話〟その（三）

辰ちゃんが勤務する八代市は、西に八代海が広がり、平地には日本三大急流の一つ球磨川の清き流れがある。八代はこの豊かな水が育む海の幸、川の幸、そして大地の恵みによって農林水産業が盛んな地域である。その恩恵により豊かな食文化が溢《あふ》れている。

故郷を離れた大学生活でいつもひもじい思いをして過ごしていた辰ちゃんにとって、下宿の朝夕の食事、そして昼の市内の食堂での盛りだくさんの昼食は、何よりのご馳走である。また辰ちゃんは福祉課の先輩や県事務所の他課の若き職員とときたま集う居酒屋での懇親会は、その美味な食事に舌鼓を打つことで楽しいひとときを過ごすのだった。

☺辰ちゃんの〝こぼれ話〟その（四）

八代市は当時の城の堀と石垣に昔日の風情を残す八代城跡がある城下町である。また市の南には開湯六百年の歴史を誇る日奈久温泉郷があり、旅人の旅情を誘うかのように湯煙を上げている。

また、八代郡内の深奥の村里泉村には有名な「平家落人伝説」が伝わる秘境五家荘がある。その道すがらには奥深い九州山地からの水を集め、下流に豊かな八代平野をつくり八代海へとそそぐ氷川がある。その川の上流には氷川の清流に映える峡谷「立神峡」もある。

辰ちゃんは休日を利用して単独で、また事務所の若き仲間と一緒に市内外の名所旧跡の四季折々の風景をながめながら探勝してはこの地の自然と文化に身を寄せ、その上で天然の輝きを観て、触れて、知って楽しんでいる。

閑話休題

さて、ここらで記述を本業に戻すと季節は移ろい、日月が経つ中、辰ちゃんのケース・ワーカーとしての勤務も経験を踏まえて熟練度を増してゆく。

辰ちゃんが担当する八代郡二村の対象となる生活保護世帯の大半は老人世帯であり、そのほとんどが自立困難な世帯で更生の道は閉ざされている。一方、保護世帯の中には本人の意志、そして辰ちゃんの助言、指導のもと、
・病気が治癒し、元気になり元の職場に復帰ができた。

・職業訓練校などに通い、技術を身に付けたことで新たな職業に就くことができた。
・諸般の事情で無職となっていたが、職業安定所で職業紹介を受け、新規に就職することができた。

などで生活保護を受けずに、希望に満ちて自立する世帯も多い。当世帯の家族はもちろんのこと、辰ちゃんの喜びとするところである。

かくして二年以上が過ぎ、昭和四十一（１９６６）年八月の定期人事異動で、辰ちゃんは県八代事務所福祉課を去り、本庁婦人児童課へと替わることになった。

県職員となり、初めての職場であった思い出多い当事務所福祉課と別れることに一抹のさびしさはあったが、辰ちゃんの胸中は一つの事を成し遂げ、本庁勤務となるそのことで〝青雲の志〟が静かに燃え立ってゆく。

3　民生労働部婦人児童課に勤務
～青少年の健全育成に尽力～

昭和四十一（１９６６）年八月、辰ちゃんは本庁の民生労働部婦人児童課に異動になりそこでの勤務となった。

ところでこの県庁本庁舎は熊本市の中央に位置する花畑町にあって木造二階建ての古い建物が並び立つ県庁舎である。このため新庁舎が熊本市東部の水前寺に建設中で、来年春の完工を目指して工事が進められていた。

辰ちゃんは古い木造の本庁舎の一室にある婦人児童課に席を置き、若きエネルギーを発散させながら仕事に専念している。

一方、住まいは熊本市内にアパートを借りて、自炊することとし、そこから自転車で毎日通勤している。

さて、辰ちゃんが勤務する婦人児童課の組織体制はといえば課長、課長補佐のもと四つの係があり、それぞれ係長がいて、その配下に数名の部下がいる。

その各係の大まかな業務内容は次のようになっていた。
・庶務係↓課の予算・決算、そして金銭の支払事務などに当たる。
・児童係↓県内の保育所をはじめとする児童福祉施設の設置・認可のための手続きやその運営指導、更にはその監督を国の指針のもとに当たる。
・青少年係↓県内の青少年の健全育成を図るため、関係機関団体などと連携して、また独自の事業も展開しながら青少年の健やかな育成に努める。
・母子係↓母子、父子家庭の生活全般にわたっての福祉に係る行政での支援に携わる。
こうした各係の行政事務を行うのが婦人児童課で、その職員の総勢は二十名程度であった。

辰ちゃんはその中で庶務係の一員として配属された。課の予算・決算の事務に係わることで課全体の仕事の内容を知ることができ、また金銭の支払い事務などをすることで県政における金の流れを理解する辰ちゃんである。

昭和四十二（１９６７）年の年が明けると本庁各課は熊本市の東部、水前寺に完成した十三階建て本庁舎新館への引っ越し作業に追われる毎日となった。

婦人児童課でもその準備が進む中、庶務係の辰ちゃんはその若さを生かし、先頭に立って膨大な書類等の整理、そして荷造りに当たりながら引っ越し作業に励んでいる。

三月になると事務机・椅子、それに書類や備品等のトラック輸送も始まり、新館への引っ越し作業が本格化してゆく。こうして婦人児童課は三月中に無事新館への引っ越しを完了することができた。

威風堂々とした鉄筋コンクリート造りの十三階建ての新館庁舎の二階の一室が婦人児童課の執務室となり、そこには課員の新しい庁舎での〝やる気〟とともに〝喜び〟の笑顔があった。かくして辰ちゃんの庶務係での仕事が一段と熱気を帯びてゆく。

ところで昭和四十二年の新年度が始まると、辰ちゃんにはその庶務係の通常業務の他に、もう一つの業務が割り当てられた。それは当課が毎年実施している「保母試験」の事業である。日本は今、高度経済成長期を迎えて労働人口が急増している。その一方で所得の増加に伴い、子供の出生率も高くなった。こうした状況下にあって子育て中の母親が就労する機会が増え、更にはその人数も格段に増加している。このため保育に欠ける子供のための保育所が待望され、県内では次から次へと保育所の新増設が進んでいるのだ。このことに鑑みて保育所で働く保母の養成が喫緊の課題となっていた。

この要請に応えるべく熊本県には県立の保母養成所があり、そこでは卒業と同時に保母の資格が付与される。一方、県内の私立の短期大学や高校には保育科が設けてあり、それらの学校では保母資格取得のための各種授業がなされている。

婦人児童課は国の委託を受けて前述の保育科で学ぶ生徒をはじめ、保母資格取得を目指す人たちを対象とした保母資格取得のための国家試験を毎年二月に実施している。辰ちゃんはこの国家試験実施という重要な業務を担当することになったのである。

辰ちゃんは短大や高校が夏休み、冬休みになるのを待ってこれまでの例に習い、一週間程度、大学の講堂などを借りて保母試験合格のための各種講座の講習会を開催することにした。その講師には県内大学などの児童福祉や心理学などの教授らの中から選任し依頼する。こうして毎回数百人の受講生が参席する中で講義がなされ講習会は盛会裏に終了してゆく。

かくして月日は移り行き、昭和四十三年の新年を迎えた。辰ちゃんは早速、二月に実施予定の「保母試験」に先立ち、その道の専門家による試験委員会を立ち上げた。その委員会の各委員のもとで、試験問題の作成など試験実施に向けての諸準備がなされてゆく。

かくして二月になり、これまた大学の講堂などを借り切って臨む「保母試験」の実施となる。この試験には毎年数百人の受講生が応募する。まずは第一の難関である各教科の試験に取り組む。その上でその試験に合格した人だけが次なる難関の実技試験である歌唱力やピアノ演奏試験などへと進む。このように保母資格取得のための国家試験は極めて難関な試験であるのだ。

目標達成のために日夜必死に取り組む大勢の若き女性の一途な姿を垣間見ながら試験の公正な実施に孤軍奮闘する辰ちゃんである。

こうして辰ちゃんの多岐にわたる庶務係での勤務が続いてゆく。

その後、辰ちゃんは昭和四十三年の新年度になるとその若さの故か、また多くの経験を受けさせるためか、上司の計らいにより青少年係へと課内異動をする。

この青少年係は県内の青少年が非行やいじめをすることなく、健全に育成されるためのさまざまな取り組みをする係である。

その主体として県内の教育機関や警察署をはじめ、民間施設を含めた児童福祉の関係団体などの代表から成る「熊本県青少年育成推進協議会」が組織されており、青少年係は、その事務局として定期的に会議を開催してはその時機に応じた青少年対策を議題に載せ、その結果を踏まえて当協議会としての青少年の健全育成に向けた方策の実施に取り組んでいる。

青少年係の主体となる事業は前述のとおりであるが、その一方で係として独自の特異な事業にも取り組んでいる。その一つが文化の恩恵に浴することができない僻地《へきち》などの児童・生徒たちへの健全育成に寄与する取り組みである。その実施に当たってはボランティアグループなどと一緒にその現地に赴き、当該僻地の小中学校などで地元の子供たちに人形劇や紙芝居などの演出をすることで、日ごろ文化に浴する機会が少ない児童・生徒たちに夢と希望を持たせ、更に多くの知識を得ることで人生を豊かにし、また楽しみに寄与する取り組みである。

それではその取り組みの概要を述べてみることにしよう。

県内には熊本大学の教育学部や私立の短期大学に児童福祉科などがあり、その学生たちの中にはクラブ活動の一環としてグループを組んで児童・生徒たちのために人形劇や紙芝居などを独自に創作しては、地域の子供会などに折に触れて演出するボランティア活動に勤《いそ》しんでいる。また、保育所などの保母を中心にした民間団体のボランティアグループなども同様の活動をしている。

青少年係はその大学のクラブ活動の会や民間のボランティアグループと連携して僻地を中心とした児童・生徒の健全育成に寄与する活動を展開していた。

その具体例を挙げると児童・生徒が長い休暇に入る夏休みを利用して青少年係の係員は課に備え付けのマイクロバスに乗り込み県内の山間、離島の僻地などの小中学校に行き、夏休み中の児童・生徒たちを招待して文化活動を展開するのだ。その担い手となるのがくだんの大学のクラブ活動や民間のボランティア活動をしているグループの人たちである。真夏の酷暑の中、辰ちゃんをはじめ、青少年係の職員はボランティアの人たちと一緒になり、マイクロバスに乗り込むと子供たちが待つ僻地へと向かう。現地ではあらかじめ連絡が付いており、大勢の子供たちが出迎えてくれる。

そこでボランティアの人たちは早速準備を整え、集まった子供たちを前にして人形劇や紙芝居などを見せ、あるいは子供たちと一緒になり、創作ダンスをして楽しいひととときを過ごしてゆく。子供たちの目が輝き、笑顔がはじけるときである。

夜になると辰ちゃんはマイクロバスに積んで持ってきた映写機を降ろして学校の講堂などを利用して、子供たちが見守る中で子供心に感動を呼び起こす映画の上映をする。

映画が済むと子供たちはその感激を友と大声を出して喜び合うのだった。こうして子供たちは今日一日の盛りだくさんの思い出を胸いっぱいにふくらませながら満天の星が瞬《またた》く夜空を仰いで家路へと帰ってゆくのだった。

その子供たちの後ろ姿に満足した辰ちゃんたち職員、そしてボランティアの面々は早速、後片付けをして室内の掃除をすると、手持ちの食糧で簡単な夕食を作り食事をする。その夕食が済むと皆は車座になって、今日一日の反省会をし、その上で学校の講堂などを借りて雑魚寝して、一日を終えるのだった。

かくして青少年係での辰ちゃんの県内の青少年の健全育成に向けた多岐にわたる取り組みが精力的に続いてゆく。

それではここらで辰ちゃんの青少年係での〝こぼれ話〟の幾つかを記述してみよう。

☺辰ちゃんの〝こぼれ話〟その（一）

辰ちゃんの青少年係ではその健全育成に向けた取り組みが「熊本県青少年育成推進協議会」のもと、鋭意に取り組まれている。そんな中で今日も新聞やテレビなどで青少年の非行やいじめが大きく報道されている。辰ちゃんはその報道に接する度に現今の青少年がこの今の世でどのような考えや思いを胸に抱いて過ごしているのか、その答えを見いだすために青少年たちに直《じか》に接し、その機微にふれてみたい気が募っていた。

辰ちゃんは住まいのアパートの近くに私塾の柔道場があり、そこでは数十名の青少年が柔道を学び励んでいることを知っている。辰ちゃんは高校時代にクラブ活動で柔道をしていた。辰ちゃんは思い詰めた末に休日を利用してその柔道場に行き、塾長に会い、入門をお願いすると塾長は二つ返事で快諾してくれた。

辰ちゃんは実家から以前、高校時代に使っていた柔道衣を取り寄せ、休日や閉庁後の時間外勤務のないときを利用して道場に行き、青少年に混じって白帯を締め、柔道の練習に汗を流すのだった。辰ちゃんはその道場で小中高校生や一般の青少年たちとのきつい柔道の稽古を通して柔道の技を磨きながら、彼らとの肌と肌との交わりをすることで、彼らの心情をしっかりとつかむことにも専念している。

辰ちゃんはこうして柔道を通して青少年と親しく交わることで、現今の青少年が何を考え、希求しているかの一端を知ることができ、そのことで係の仕事である青少年の健全育成のための方途に多少なりとも役立たせているのだった。その上、ありがたいことに柔道を通して心身の鍛錬をすることができ、また日ごろのうっ憤《ぷん》を晴らすことにも役立っている。

☺辰ちゃんの〝こぼれ話〟その(二)

辰ちゃんには柔道の他にも元気回復のための趣味があった。それは詩吟である。

詩吟は大学時代に始めていたが今も折に触れて親しんでおり、それこそ人のいない野原などで朗吟に興じると心が快適になり、元気が湧くのを覚える辰ちゃんである。この詩吟に関しては県庁内に「県職員吟詠同好会」という趣味の世界での親睦の会があり、百人程度の会員がいる。

辰ちゃんは早速この会に入り、退庁後など庁内の人気のない庭園などで会員と輪になって詩吟の練習に興じている。

また、辰ちゃんは本格的な詩吟の道を窮《きわ》めるために市内にある詩吟の家元にも入門して吟道の練習に励むのだった。

こうして辰ちゃんは婦人児童課での忙しい仕事に邁進する傍ら、その一方では心身を鍛える柔道や趣味としての詩吟に熱中することで、その若き情熱を燃やし続けている。

その他に辰ちゃんは体力増進のため早朝、アパート近くの野道を一時間ほどジョギングしては汗を流す毎日である。

閑話休題

辰ちゃんが青少年係で青少年の健全育成に尽力して日々を過ごす中で月日は烏兎忽忽《うとそうそう》として過ぎゆく。

昭和四十五（１９７０）年が明け、辰ちゃんは婦人児童課で四回目の春を迎えようとしていた。

この春、辰ちゃんには真に喜ばしい慶事が待っていた。それはめでたい結婚の華燭の宴《うたげ》である。

☺辰ちゃんの〝こぼれ話〟その㈢

辰ちゃんが所属する青少年係はくだんの通り、本来の業務の他に係の独自事業として小中学校が夏休み中であることなどを利用して、県内の僻地などを課に備え付けのマイクロバスで巡り、文化の恩恵に浴することができない子供たちに昼間は人形劇や紙芝居などをし、夜には映画の上映などをして楽しんでもらっている。その昼間の演出の担い手は県内の大学の児童福祉科などの学生や民間の保育所などの保母を中心としたボランティアグループの人たちであった。

そのボランティアメンバーの中に私立短期大学児童福祉科に在学中の女子生徒がいた。

彼女はその後、短大を卒業し、熊本市内の幼稚園に勤めていた。

辰ちゃんは仕事を通して見初めたその人に意を決して結婚を申し込む。天運に恵まれて桜の花咲くころ、彼女が学んだ短大児童福祉科の教授の仲人で結婚することができたのだ。

妻は熊本市内に母と二人で暮らしており、辰ちゃんは結婚の後、その義母宅に入り、そこから県庁に自家用車で通勤することになった。

閑話休題

妻を娶《めと》った辰ちゃんは一段と充実した人生の中で役所の仕事に精力的に励む毎日が続いている。

一方、辰ちゃんは余暇を活用して柔道や詩吟の練習、それに早朝のジョギングにも邁進しており、そのことで心身を鍛錬することができ、毎日を〝人生、意気に感ず〟の思いで過ごしていた。

こうした中で、その夏の定期異動で辰ちゃんは四年間勤めた婦人児童課を去り、県庁の中枢といわれる企画部企画課に異動することになった。

4 企画部企画課、その後企画開発部開発課に在職

～県政の前提に腐心する日々～

昭和四十五（1970）年七月、辰ちゃんは定期異動により企画部企画課に勤務することになった。

企画課は県政の中枢を担う重要な課である。課長、課長補佐のもとに四つの班があり、その組織のもと各班にはそれぞれ県政発展のための一大プロジェクトが与えられていた。その任務遂行に当たる班の人事体制として係長クラスの参事と、その配下に主事が就く二人体制の四班となっている。

辰ちゃんは県内の「都市開発」を担当する班に配属された。上司の参事とその配下の主事辰ちゃんの二人体制である。

職務が広範に及び、辰ちゃんはしばらくはその仕事の内容を把握するのに悪戦苦闘する毎日である。課内では県内の都市の現状と課題を分析し、その上で県政全般の発展をからめた各都市の発展の方向性、更にはその指針を探るべく大所、高所からの熱い論戦

が交わされている。そこの議論には辰ちゃんの入る余地はなく、ただ聞き役に徹するのみであった。

こうして月日が過ぎ行く中で辰ちゃんは上司とも協議して県内の各都市が掲げる現況や課題、そして将来に向かっての指針などについて十分把握し、整理する。一方、国における地方都市の支援の施策等についても調査する。

かくして辰ちゃんは時折開かれる課内の「都市開発」についての協議の中で、少しずつではあるが、自らの意見を述べることができるようになった。

それでも辰ちゃんにとって県内の「都市開発」についての企画立案は荷が重く雲の上の話のごとく感じられる毎日であった。

そんな中で辰ちゃんに雨雲の上がった晴間から一粒の余滴が落ちたかのような課題が与えられた。

☺辰ちゃんの〝こぼれ話〟その（一）

辰ちゃんに与えられたかの「都市開発」の課題の中での小さな一粒の余滴とは何で

あったであろうか。

それは熊本市の南東部に広がる熊本市のシンボルとも目される江津湖に関する課題であった。これまで熊本市の名所で風光明媚《めいび》な湖として全国に知れ渡っていた江津湖の景観が現今、下江津湖を中心にした「ホテイアオイ」などの水生植物の繁茂で水面が広く覆われ、その美観が大きく損なわれているのだ。また、湖のこれまでの清澄な水が何らかの原因で水質悪化が進んでいる。この江津湖のホテイアオイなどの水生植物の繁茂や水質悪化については地元新聞をはじめ、各報道機関が大きく報道しており、その対策が喫緊の課題となっていた。

辰ちゃんに与えられた仕事はこの難解な江津湖の環境悪化の課題に取り組み、そのための具体的な解決策を導き出すことにあった。

江津湖は上江津湖と下江津湖に分かれていてその上流には熊本市の名所水前寺成趣園《じょうじゅえん》がある。

ところでこの江津湖は周囲が約六キロメートル、水面積は五十ヘクタールほどの湖で、その湖水は北西から南東に流れていて加勢《かせ》川に注《そそ》いでいる。

湖水は阿蘇の伏流によって涵養された清冽な湧水であり、その総量は毎秒六トンから八トンもあるといわれている。

余談になるが水前寺成趣園のかの清澄な池の水もくだんの清冽な湧水で湛《たた》えられており、その池を中心に園の趣ある風情が醸し出されているのだ。

この大地からの清き湧水によって成る江津湖、取り分け下江津湖の水質が、こともあろうか広く汚染され、またホテイアオイなどの水生植物の繁茂などで古来からの清澄な水、そして四季折々に輝く広々とした美しい湖面の景観が損なわれて久しい。

このことが「都市開発」の観点から重要な課題となったのである。

このような状況下での課題を受けた辰ちゃんは早速、江津湖の水質等の改善のための諸施策に取り組むことになり、そのための対策として、

・江津湖の成り立ちやその地質
・江津湖の地勢
・水生植物の分布状況

などについてまずは現況を調査し、また文献などを繙《ひもと》いて、課題についての研究をして

ゆくのだった。その中で辰ちゃんは、江津湖の周囲約六キロメートルを地元の人の案内で現地調査もする。その結果、湖の周囲には生活用水や雨水などの排水坑が幾箇所もあり、その水が未処理のまま江津湖に流入している実態が明らかになった。

かくして辰ちゃんはこれまでの調査・研究や実態調査の結果をふまえて、江津湖の環境悪化の現況と、それに基づく対策について整理し、その報告書を作成することにした。

こうして辰ちゃんは県内の「都市開発」についての大きな課題に取り組む傍ら、くだんの報告書作成にも奮闘するのだった。

閑話休題

辰ちゃんが企画課にきて「都市開発」の担当班に配属されてその仕事に専念する一方で、辰ちゃんは江津湖の環境改善に取り組む毎日が続いている。かくして月日の経過とともに歳序《さいじょ》はめぐり、昭和四十六（１９７１）年の新年を迎えた。

このめでたい年の初めに当たり、県内は県にとっての一大事である知事選挙を控えて騒然とした世情の中にあった。当事者たる県庁内部でもその話題で持ち切りである。

それも束の間、やがて知事選挙が施行され、ここに新知事の誕生を迎えたのだ。

こうした中で新知事のもと県庁では各事業の仕切り直しともなる昭和四十六年の新年度を迎える。

新年度に入り、辰ちゃんは参事職の班長の指示のもと県内の「都市開発」に係る諸課題について取り組む傍ら、江津湖の環境改善のための水質浄化や景観美化についての報告書の取り纏《まと》めに尽力していた。

こうした折も折、七月の人事異動を目前に控えて新知事誕生の余波を受けるかのように県庁組織の大変革がなされたのだ。企画部は企画開発部に改称され、構成も大きく変わった。その煽《あお》りを受けるかのように辰ちゃんはその年の七月の定期異動で、企画課一年の短かきを経て同部開発課に移ることになる。

辰ちゃんは何はともあれ、江津湖の環境改善に係る報告書が未処理のままで異動することになり、そのことが心残りで後ろ髪を引かれる思いであったが、そこは役所の習い、後人に事務を引き継ぎ、開発課へと赴くのだった。

昭和四十六（１９７１）年七月一日付で辰ちゃんは部の名称も新たになった企画開発部開発課へと異動する。

開発課での辰ちゃんの担当は山村・離島の振興対策であった。

この年の前年、１９７０年に国においては「国土の均衡ある発展」を図るため都市と地方の格差是正を目的に、「過疎地域対策緊急措置法」が議員立法で成立している。こうした国の施策と連動した山村振興法、離島振興法にもとづく本県当該地域での事業の実施が辰ちゃんの担当である。

その内容をもう少し具体的に述べれば、
・山村振興対策は県内の市町村の中で過疎化が進み一定の生活水準を維持することが困難な山村地域を支援するため国が当該市町村の合併前の旧村単位に地域指定をして生活全般にわたって必要な施策を展開する。
・離島振興対策は県内は有明海・八代海の内海、東シナ海の外海に面しており、天草地方を中心に多くの離島がある。国においては山村振興対策同様、国土の均衡ある発展を図るためこれらの文化的生活に出遅れた離島においてもその振興を図るための施策が講じられることになった。

この山村・離島振興対策はいずれもその地域に住む住民の生業《なりわい》並びに生活環境全般にわたる振興策を国の委託事業として県が実施する。このためその推進に当たっては県の各部の縦割り行政を超えて広く横断的な事業展開となっている。

山村振興では市町村道や簡易水道など生活全般の向上に係る整備や林道をはじめとする林業の振興などがある。

離島振興でも同様の施策が講じられており、ここでは特に港湾・漁港をはじめとする水産業の振興策が推進されるなど、離島の産業や生活向上を図るための諸事業が多岐にわたって用意されている。

各事業の振興策は住民の生業、並びに生活環境全般を網羅する形で実施されるため、県庁の大半の課が関与する。その施策の主体は国であり、県は国の委託を受けて事業を展開する。

その手順としては地元県からの要望を受けた国はその事業内容を十分精査、検討し、その結果を踏まえて各事業の内容やそれに伴う予算を県に提示する。県は国からの事業の内示を受けて国に代わって各々の振興事業を実施する。
その山村・離島振興事業推進に当たってのその手順の概要を図示すると、
・市町村役場→振興指定地域住民から振興事業内容についての要望を取りまとめる。
・県庁各課→市町村から上がってきた振興事業内容をもとに、市町村と県庁各課が協議をし国への要求書を作成し、その上で国に提出する。
なお、この市町村と県庁各課との協議を踏まえ、その事業内容結果を体系的に取りまとめ、国への県としての総合的な要求書を作成するのが辰ちゃんの仕事である。
・国の各行政官庁→県の要求書をもとに国の各行政官庁は県と協議し、その上で事業内容とその予算を確定し、その実施計画を県に内示する。
なお、この国の各行政官庁の事業全体を取りまとめ、国としての一体的な実施計画書を作成するその窓口は経済企画庁である。
・県庁各課→県庁各課は国からの振興事業内容とその予算の内示を受け、当該市町村の協力のもと事業に着手する。
この山村・離島振興事業の任務を担当する辰ちゃんにとって、

・当該市町村と県庁各課との協議の場づくり、更にはその協議の結果を受けての国に提出する膨大な要求書の作成。

・また、県庁各課が国の各行政官庁である各省庁との協議に臨むに当たって、その国の窓口である経済企画庁と事前協議してその日時や場所の選定に奔走するなど、甚大な苦労があった。

特にこの県の要求書作成に当たっては年度初めの概算要求書の作成と、年度の途中での実施計画書の作成があった。辰ちゃんはその都度、県庁各課との調整、また国の指示を受けて各事業内容の細部にわたる詰めの作業、更には各事業箇所を県内地図に明示するなどで、その事業量は膨大で、しかも複雑多岐にわたり、そのため深夜に及ぶ残業もあり、辰ちゃんの孤軍奮闘の毎日が続いている。

こうした忙しい中で昭和四十六年が暮れ、昭和四十七（１９７２）年の新年を迎えた。めでたい新春であったが、辰ちゃんはくだんの通り多忙な毎日が続いてゆく。

そんな辰ちゃんのハードで困難を極める仕事の中ではあったがここで一休みして幾つかの〝こぼれ話〟を垣間見ることにしよう。

☺辰ちゃんの〝こぼれ話〟その（一）

辰ちゃんが開発課で仕事に明け暮れる中、家庭では昭和四十七（１９７２）年一月に長男が出生し、辰ちゃんは一子の父となる。その喜びとともに親としての自覚を胸に抱く辰ちゃんである。

☺辰ちゃんの〝こぼれ話〟その（二）

辰ちゃんが開発課に勤務するようになって一年が過ぎた昭和四十七年七月に、上天草地方を中心に集中豪雨があり、その災禍で多くの死傷者をはじめ、家屋の倒壊など甚大な災害が発生した。

離島振興を担当する辰ちゃんは、その「熊本県災害復興本部」の事務局員を命じられ、その復旧、復興にも励むことになる。

辰ちゃんは開発課の本来の業務である山村・離島の振興に尽力しながら県災害復興本部での災害対策にも取り組む忙しい毎日である。

☺辰ちゃんの〝こぼれ話〟その（三）

辰ちゃんは開発課で山村・離島の振興事業を推進する上で必要に応じて現地調査のために出張する機会も多い。当該市町村に行き、担当職員の案内で現場に着くと、待っていた区長や関係者などが出迎えてくれる。

皆は辰ちゃんを前にして当該事業の推進で地域の生業が向上した。生活環境が改善し、住み良い集落になったなどと辰ちゃんに笑顔で答えてくれる。辰ちゃんはこの地域住民の笑顔に接する度に、今までの仕事の苦労が即座にふっ飛ぶような満足感にしばし身を投じるのだった。

閑話休題

辰ちゃんは開発課の本来の業務である山村・離島の振興に全力を投じながら一方では、県の災害復興本部の一員としてその復旧・復興対策にも励んでいる。

このため辰ちゃんは毎日が多忙で休日もない日々が続く。

そんな中ではあったが、日課としての早朝ジョギングで体力を鍛え、更に休日などの勤務外で少しの暇を見いだしては柔道の練習に汗を流し、また詩吟で臍下丹田《せいかたんでん》からの声を出すことで心の安らぎを得るのだった。

かくして開発課での二年間が過ぎ、昭和四十八（１９７３）年七月の定期異動で総務部広報外事課参事として昇格し、開発課を転出する。

参事に昇格した辰ちゃんは県職員としての初めての役付きであり、その重責を感じながら緊褌《きんこん》一番の思いを胸に秘めてその第一歩をふみ出す異動となったのである。

5　総務部広報外事課参事となって
～県政のスポークスマンとして活躍～

辰ちゃんは昭和四十八（１９７３）年七月の異動で総務部広報外事課参事になった。この参事職は熊本県庁の格付けでは最初の役付きであり、ランクとしては係長級である。辰ちゃんは県庁事務吏員として初めて役付きとなり、その重責を担うべく決意を新たにしてその第一歩を踏み出したのだった。

この広報外事課は課長、課長補佐の統括のもと職務が「広報部門」と「外事部門」に分かれており、前者には広報と公聴の各班があり、後者には旅券（パスポート）の発行等外事に関する事務が課せられている。

辰ちゃんが所属する「広報部門」の広報班は各広報媒体でその業務が分かれており、その区分は新聞、電波、県政記者クラブ担当の三班から成っている。

辰ちゃんはその中の電波班の担当参事でその下に部下一名がいる。この電波班の仕事はテレビ・ラジオ放送を通じて県政広報をすることである。

テレビ放送では県内にはＮＨＫの外に二社の民放のテレビ局があり、その民放二社と委託契約を結び週一回二十分間の県政テレビ番組を制作して放送するのだ。

ラジオ放送では民放一社と土日を除く毎朝五分間の県政ラジオ番組を制作して放送する。

こうして県はテレビ・ラジオの民放各社と委託契約を結び、県政放送に取り組んでいる。

さて、辰ちゃんの電波班はテレビ・ラジオの県政放送番組を次のような手順で制作し放送している。

・県庁各課の広報担当者からその課の年間を通した広報事項についてあらかじめ提出してもらう。

・電波班は各課から提出があった広報事項を慎重に検討選別して、その各事項の適正な年間を通しての放送時期を考慮する。その上でテレビ・ラジオ放送媒体の選別をする。

こうしてテレビ・ラジオに振り分けられた媒体を活用した年間の広報計画番組が作成される。

・テレビ・ラジオの年間広報計画が出来上がった段階で電波班はその計画に添って順番にテレビ・ラジオ放送番組の制作について担当課並びに当該放送局とその演出方法等の具体的内容について事前協議をする。

・その協議に基づき現地取材などが必要なときは電波班が主体となって担当課並びに放送局の番組演出担当者（ディレクター）の手配によりカメラマンなどの同行のもと現地取材をし、また三者の協議により出演者の選定等がなされる。こうして番組が編集され、その上での放送となる。

辰ちゃんはこうした手順のもとで電波班のテレビ・ラジオ放送番組制作の運営に当たっている。その中で辰ちゃんはラジオの県政広報番組は一人の部下に任せることにして、自らはテレビの県政広報番組の制作に専念していた。こうして辰ちゃんは民放二社と毎週一回、各々土日曜日の定刻に二十分間のテレビでの県政広報をすることで、その番組の制作にテレビ局と一体となって尽力している。

その手順をもう少し具体的に記述すると、

放送する題材はくだんのとおり年間計画ができており、その計画に沿って放送することになる。そこで辰ちゃんはテーマに基づき担当課と広報内容について十分協議する。その上で辰ちゃんはその放送内容の進め方等を含めて大まかな脚本を書く。

脚本が出来上がると辰ちゃんは、担当課と放送局の番組演出担当者を交えて出演者など具体的な放送制作内容についてその詰めを行い、番組作りの段取りを決める。こうしてテレビ出演者などの放送内容の大筋が決まってゆく。その上で現地取材が必要な番組であれば、辰ちゃんは担当課の案内で放送局の担当者の手配のもと、カメラマン同行で現地取材にも出かける。

こと程さようにして放送の諸準備が整った上で、いよいよ放送局のスタジオで現地取材のフィルムなども織り込みながら、選出された出演者の出演のもと、本番放送用の録画取りがなされる。

かくして番組放送当日を迎えると県内に向けたテレビの本放送が始まる。

概していえばこのような手順を踏んで民放二社の県政広報テレビ番組が制作され、毎週各二十分間放送されているのだ。

辰ちゃんが担当する電波班の事業内容が一応明らかになったここらで、ちょっと一服して当課での〝こぼれ話〟の幾つかを垣間見ることにしよう。

☺辰ちゃんの〝こぼれ話〟その（一）

民放二社との二十分間のテレビでの県政広報番組の放送日が決まっており、その番組制作では休日の現地取材等も多い。このため辰ちゃんは気の休まるときもないまま仕事に全力投球で励む毎日であった。それでも、辰ちゃんがテレビの現地取材で県内を回っていると、そこには熊本の美しい自然との出合いがあり、また地域住民との心の触れ合いを感じる一時《ひととき》もあった。辰ちゃんは路傍に咲く一輪の草花に見ほれて〝大自然の物《ぶっ》華《か》〟の神秘にしばし身を投じ、また片田舎の古老と茶を喫して笑顔で話す会話の中では、人と人との心のぬくもりを感じる安寧との遭遇がある。辰ちゃんはその度に心の安らぎを覚え、同時に仕事の喜び、そして人生の活力を見いだすのだった。

☺辰ちゃんの〝こぼれ話〟その（二）

辰ちゃんはこと程さように仕事に邁進する一方で、日課として健康であるための早朝での一時間ほどのジョギングに努めている。

また、休日や退庁後の余暇を利用しての柔道の練習は県庁近くにある熊本武道館に行き励むのだった。辰ちゃんは既に初段を取得して黒帯を締めていたが、この武道館で多くの強者とくみすることで柔道の技が向上し、昭和四十八（1973）年の県柔道協会主催秋季昇段試験で二段に合格した。このこともあり、辰ちゃんの柔道練習は一段と気合いが入り、技に磨きがかかり黒帯が輝くのだった。

更に趣味の詩吟は住居の近くにある詩吟の家元に出向き、その奥義を極めんと学んでは練習に励んでいる。

☺辰ちゃんの〝こぼれ話〟その㈢

辰ちゃんが広報外事課に勤務するようになり一年が過ぎようとする昭和四十九（1974）年六月に次男が誕生し、辰ちゃんは二子の父となる。

このことが辰ちゃんの県庁役人生活に、そして人生に大いに活力を与えてくれている。

辰ちゃんはこの天禄《てんろく》に感謝し、浩然《こうぜん》の気を養うようすがともしていた。

☺辰ちゃんの〝こぼれ話〟その（四）

辰ちゃんは毎日、県政広報電波班の参事として県政広報テレビ番組の制作に奔走していた。

その日、昭和五十（１９７５）年八月二十六日の当日も辰ちゃんはテレビ番組制作のための現地取材で担当課の案内のもと放送局の関係者と一緒に県南の地に赴く。その矢先、県庁本課から連絡が入り父の訃報を受ける。

辰ちゃんは取り急ぎ今日の仕事を同行していた放送番組担当課の職員と放送局のディレクターに委任すると公共交通機関を利用して県庁に戻った。その上で辰ちゃんは事の次第を上司に伝え、休暇願いを出すと自宅へと帰る。自宅で衣を整えた辰ちゃんは居合わせた家族ともども自家用車で実家へと向かう。

実家では兄の差配のもと父の葬儀の諸準備が慌ただしく進められている。

辰ちゃんはあいさつもそこそこに父の棺《ひつぎ》の前に向かう。その棺の内には父の永遠の安らかな眠りの姿があった。享年七十四であった。

辰ちゃんの父は小学校の教師となり、その後、地元小学校の校長を務めて退職。その後は地元村議会議員として村の振興発展に寄与する。議員を辞してからは母と兄が営む農業の手助けをしては好きな晩酌を楽しむ悠々自適の余生を過ごしていた。当日も朝から夏の太陽の光を浴びて散歩に出かけ、その途中で倒れてついに帰らぬ人となったとのことである。父はその名前が〝誠之《せいし》〟と言い、その名のとおり誠実な人柄で真に温厚篤実な人物であった。辰ちゃんはその父の穏やかな死別の寝姿に接していると、かつて父から受けた慈訓、教訓が山の端にわき出る雲のように思い出されてくるのだった。

辰ちゃんが小学生のころ父は辰ちゃんに興味津々となる学童向けの月刊誌を買ってくれていた。辰ちゃんが中学校に通う反抗期の学生のときはよく辰ちゃんに寄り添い、何かと人の正義を教え導いてくれていた。辰ちゃんが高校生になると父は〝和して流れず〟との言葉を用いて辰ちゃんに訓示していた。人との交わりで心の触れ合う絆を大切にする一方で、自らの主体性まで埋没させてはならないと。辰ちゃんが大学生になり、郷里から遠く離れた地で一人暮らしの中では毎月届く仕送りに添えていつも一筆箋が入っており、その便りには体を大切にして元気で過ごすよう、その上で勉強に励むことが達筆で綴られていた。

そして県職員になって働くようになった辰ちゃんがたまさか郷里に帰り、父に会うと、父は辰ちゃんの手を取ってこう諭すのだった。〝県職員となって働く中ではいつ何時でも地に足をしっかりと着けて働き、事に当たっては一歩一歩急がずに辛抱強く、その任に堪えて勤務するようにと〟。

辰ちゃんは生前の父の思い出にふけっては袖《そで》に落ちる涙が乾かぬままに両手を合わせて立ち尽くしていた。

その後、父の葬儀は自宅で営まれ、町内外の多くの人の弔問がある中で粛々として挙行された。

かくして父の葬儀が済み、辰ちゃんは心残りはあるものの職場に戻り、本来の県職員としての勤めに復帰するのだった。

閑話休題

辰ちゃんは広報外事課広報担当電波班の参事としてテレビ・ラジオ放送を通しての県政広報に尽力していた。

かくして四年の歳月が流れ、ここに課内での内部異動があり、辰ちゃんは広報担当係から公聴担当係へと移り、その公聴班参事となった。

この公聴班の任務は概して言えば県民の県政への要望等を十分聞き答えることで県政と県民の間でのより良い意思疎通を図ること、つまり風通しを良くすることである。

その上で現今の県政を県民がどう評価し、これからの県行政に何を望んでいるかなどを把握し、そのことを今後の県政に反映させることにあった。

辰ちゃんは公聴班の担当参事となり、県政公聴の任務遂行について熟慮し、その施策として「県民意識調査」を実施することにした。

辰ちゃんは部下一名と共に県内の市町村を通じて一定数の住民を無作為に抽出してもらい、それらの人たちに県政全般にわたる質問・要望などの調査項目を設けた調査表を配布し記入の上、返送してもらうことにした。

こうして「県民意識調査」を実施したことで県民の県政に対する思い入れ、要望などが大まかではあるが多岐にわたって解明することができたのだった。

辰ちゃんの公聴班はその「県民意識調査」の結果を綿密に分析、まとめ上げて一冊の調査結果冊子とした。その冊子を各部各課に配布し、今後の県政運営の参考として活用してもらうことにしたのだった。

〝四時《しいじ》は逝水《せいすい》の如《ごと》し〟と昔から例えられているが辰ちゃんはこの公聴班で二年間勤務して、広報外事課での在勤が早くも六年間となっていた。小学校の生徒であれば卒業を迎える年数である。

その卒業をなぞるかのように辰ちゃんは、昭和五十四（１９７９）年七月の定期異動で山鹿土木事務所用地課長となり、階級も係長級から課長補佐級へと昇格して異動することになった。

6　初めての課長職

辰ちゃんは県職員としての初任地県八代事務所から昭和四十一年八月の人事異動で本庁勤務となり、その本庁勤務も十三年の歳月が過ぎようとしていた。

その矢先の昭和五十四（１９７９）年七月の人事異動で辰ちゃんは再び、本庁を後にして県山鹿土木事務所用地課長として赴任することになった。辰ちゃんにとってはまさに三十八歳の働き盛りの年齢である。

県山鹿土木事務所は県北の地、山鹿市にあってその管轄区域は山鹿市とその周囲から成る鹿本郡五町（鹿北町、菊鹿町、鹿本町、鹿央町、植木町）である。

事務所の組織は総務課、用地課、工務課、維持課があり、各課長のもと百名ほどの職員がいて所長、次長が統括する。

事務所の業務は管内の道路や河川等の公共土木事業の維持、推進である。その中で辰ちゃんが任務に当たる用地課は当該工事のための公共用地の確保に当たる部署で、その課長である辰ちゃんの配下に三人の用地課職員と、取得した公共用地の登記事務を担当する嘱託職員四名がいる。

辰ちゃんは住居である熊本市の義母宅から自家用車を運転し、約一時間かけて事務所に通う毎日である。

その事務所では辰ちゃんの陣頭指揮のもと配下の三人の用地職員は工務課など事業課が作成した工事内容に基づき、その用地取得に精を出す。

その手順として、用地課の職員は事業課の担当技師と一緒に現地に行き、工事区間の図面を見ながら、地権者立ち合いのもと、用地買収区域をテープ等で明示する。その区域に立木等があればその一本一本にテープ等を張り、土地とともに補償の対象とする。その中には工事区間内に家屋等が建っていることもある。その際は対象となる物件の立ち退きをお願いすることとし、その移転補償費を専門の業者に委託して算出してもらい、補償の対象とする。

なお、土地等の買収価格は対象用地の近傍類似の土地取り引き価格の事例などを参考にして割り出し、その価格をもとに地権者と用地買収の交渉に入る。

辰ちゃんが課長を務める用地課ではこうした一連の土木事務所での業務が毎日続いて

ゆく。

こと程さように土木事務所の用地課の主たる業務は公共用地の確保にある。そのための地権者との用地交渉は県政業務の中でも難解中の難解といわれる仕事の一つであった。辰ちゃんをはじめ、用地課職員は二人一組の体制で夜討朝駆けして地権者宅を訪問しては用地買収に応じてもらうよう、工事内容や買収価格の算定根拠について十分説明し、ひたすら協力を願うのだった。このため辰ちゃんをはじめとする用地職員の任務遂行はまさに忍耐を要し、その試練が続く毎日である。

それではここらで仕事の話は一休みして辰ちゃんの〝こぼれ話〟に耳を傾けてみよう。

☺辰ちゃんの〝こぼれ話〟その（一）

（1）観光

辰ちゃんは用地課長として公共用地の確保に尽力する傍ら、地域の歴史や実情を知るため、また心身の休養を兼ねた気晴らしにと休日を利用して管内の山鹿市や鹿本郡内の観光に津々《しんしん》たる興味を抱いて出かけていた。

その幾つかを列挙してみよう。

ア　豊前街道

事務所がある山鹿市は江戸時代から肥後（熊本）と豊前（小倉）を結ぶ豊前街道を中心に宿場町として栄えたロマン溢《あふ》れる街である。

街道筋には今も歴史ある商家などが軒を連ねており、そこには風情豊かな街並みが続く。その中には江戸時代の藩主細川公の御茶屋として記録が残る威風堂々たる木造温泉「さくら湯」が昔の面影を残したままにその偉容を誇っており、今では市民温泉として人々に愛されている。

また明治の世に建てられた国の重要文化財である芝居小屋「八千代座」は今もなお歌舞伎や郷土芸能などの催しが頻繁に行われており、訪れる来会の客を楽しませている。

こうした今昔を彩る豊前街道を多くの旅人が思いのまま、あるときは寄り道をし、またあるときはのんびりと休憩しては、またそぞろ歩きを続けている。

イ　西南戦争、田原坂激戦地跡

管内には数多くの名所旧跡があるが、その中でも特筆すべきは「史跡・田原坂」であろう。

国内での最後の内戦といわれる明治十年の西南戦争はこの地「田原坂」で激戦が繰り広げられたのだ。民謡で名高い〝雨は降る降るじんばは濡《ぬ》れる、越すに越されぬ、田原坂〟で歌われた田原坂の壮烈な戦いが、ここで開戦されたのだった。その当時、薩摩軍に包囲された熊本城を救援する官軍にとって、ここ田原坂だけが砲隊を進める唯一の道であったため、要塞となる坂の頂上をめぐって激しい戦いが続いたのだ。

時世時節は移り変わり、今では歴史に際立つ史跡が残る田原坂一帯は、広々とした公園となっており、時季ともなれば桜やつつじの花が繚乱として咲き、それを一目見ようと県内外の多くの観光客が訪れている。

ウ　温泉郷

辰ちゃんが勤務する県山鹿土木事務所管内にはロマンを秘めた名所旧跡が数多くある傍らで、各地に点在する温泉郷はこれまた多湯多彩を誇っている。山鹿市には山鹿温泉、平山温泉、熊入温泉があり、鹿本郡には鹿本温泉、菊鹿温泉などの温泉郷がある。これらの温泉の天然の湯はやわらかくまろやかな肌触りで、訪れる人々の心と体を癒やしてくれている。
辰ちゃんは休日を利用しては個性あふれるこれらの湯の郷《さと》を巡り、温泉の湯に浸かっては束の間の息抜きを楽しみ至福の時を過ごすのだった。

（2）日本一を誇るスイカの名産地

この山鹿・鹿本地方は農林業が盛んなところである。特に鹿本郡植木町は日本一の生産量を誇るスイカの名産地で春から夏にかけて全国に向けて甘くて美味なスイカが大量に出荷されている。その他に鹿本郡内ではメロン類の生産も盛んで、熊本の代表格として多彩な品種の生産がなされており、県内外に出荷されている。

余滴…辰ちゃんは公共用地の買収で課長としてその重責を担いながら、毎日身を粉にして苦労に苦労を重ねている。

そんな日々であったが辰ちゃんは元気回復の手立てとしての楽しみを心得ていた。それは単独で、またあるときは家族一緒に休日を利用して自家用車を運転し、くだんの名所旧跡を訪ねてはその歴史を学び、また食の店に立ち寄ってては新鮮で美味な管内生産の農産物に舌鼓を打つのだった。その間、疲れては各地の温泉郷を訪ねて湯船に浸かって心身の疲れを解きほぐすのだ。辰ちゃんはこのことで養気を取り戻し、浩然の気を盛んにするためのよすがとしていた。

☺辰ちゃんの〝こぼれ話〟その（二）

辰ちゃんが勤める県山鹿土木事務所管内には春夏秋冬を通じて各地に地元に根ざした多彩なイベントが数多く繰り広げられている。

取り分け全国的にも有名なのが真夏の夜を彩る山鹿市の風物詩、灯《あか》りの祭典「山鹿灯籠まつり」である。

この祭りは遥か古代から人々の間で受け継がれてきた夏の山鹿市最大の祭りである。

その由来は、濃い霧に行く手を阻まれた景行天皇一行のご巡幸を松明《たいまつ》を上げて山鹿の里人がお出迎えしたことといわれている。

県山鹿土木事務所は地域連帯の一助として毎年この祭りの「たいまつ行列」に参加していた。昭和五十五年の今年もこの「たいまつ行列」に参加することが予定されている。

このため当事務所勤務二年目の夏を迎えた辰ちゃんは、昼休みなどを利用して行う祭りの予行演習に多くの職員と一緒になり、汗を流している。こうして日々が過ぎ、祭典の当日を迎えた。

その夕暮れどき、揃いの衣装に身を固めた辰ちゃんたち所職員一行は松明を上げて街中の主要道路を行進し、多くの沿道の人たちの大きな声援を背に受けて祭り会場へと向かう。

その祭り会場に着いた辰ちゃんたち「たいまつ行列」の一行は祭事を終え一息付くとあらかじめ決められた客席へと行き着座する。やがて会場では夕やみ迫る中、頭上に灯籠を載せた女性たちが「よへほ節《ぶし》」の調べにのせて優雅に踊る「千人灯籠踊《とうろうおど》り」が始まり、客席で見る辰ちゃんたちは夏の夜の星影のもと幻想の世界へと誘《いざな》われてゆく。

こうして夏の夜を彩る「山鹿灯籠まつり」は人々に深い感動と興趣を与えながらざんざめき続いてゆくのだった。

辰ちゃんは用地課長の重荷を担うて困難な公共用地の取得のため全身全霊を尽くして取り組む傍ら、地域との絆を深めるためのこうした管内イベントにも積極的に参加するのだった。そのことを通じてさまざまなことに興味を抱き、また経験することで疲弊しきった心身の元気を取り戻すことができ、浩然の気を養う良いチャンスともしていた。

閑話休題

かくして二年の歳月が節序とともに過ぎゆき、辰ちゃんは昭和五十六（1981）年七月の人事異動で思い出多い山鹿の里を去り、本庁土木部河川課主幹・管理係長の命を受けて本庁勤務に付くことになった。

7　土木部河川課主幹・管理係長として本庁に戻る

辰ちゃんは昭和五十六（１９８１）年七月の定期異動で二年間勤めた県山鹿土木事務所用地課長の職責から本庁土木部河川課主幹・管理係長の要職に就く。

その河川課管理係の主な業務は河川法に基づく河川の管理、公有水面埋立法に基づく海岸の埋め立て免許の授与、更に国有財産法に基づく水路等国有財産の管理である。

以下、順を追ってその概要を記してみよう。

まず河川管理では県内には南北に掛けて球磨川、緑川、白川、菊池川などの大河川をはじめとして大小の数多くの河川がある。

これらの河川管理の規範となるのが「河川法」である。この河川法によりその河川の重要度に応じて国、都道府県、市町村の管理区域が次のように指定されている。

・国の直轄管理→政令で指定する一級河川の中で都道府県管理指定区間以外の河川
・都道府県管理→政令で指定する一級河川の中で都道府県管理指定区間及び都道府県知事が指定する二級河川

・市町村管理→市町村長が指定する準用河川

こうした管理区間の下で県河川課の業務内容としては河川におけるダム、堰《せき》、水門、堤防、護岸、床止めなどの管理を適正に行い、河川の治水、利水の円滑な運用に資することにある。その河川事業推進に当たっての河川法に基づく当該河川の適確な管理に当たるのが管理係の任務であった。

次に、公有水面の埋め立てについては熊本県は有明海、八代海などに隣接しており、古来から海岸の埋め立てによる土地利用が盛んな県である。この海岸を埋め立てるには「公有水面埋立法」に基づく国の免許が必要であり、当該埋め立て申請に際して都道府県は国の委託を受けて、その免許事務に当たっている。その県としての免許事務が河川課の所管事業となっており、管理係の仕事となっている。

その他に管理係の業務として里道・水路など「国有財産法」に定める国有財産の中で水路の管理に係る業務がある。公私にわたる土地開発などに伴い国有財産の取り扱いが県内各地で発生しており、その適正な保全と利活用が求められているのだ。

以上、こうした業務を中心に河川課管理係はその任務に携わることになっている。

記述が後先になったが、河川課の組織体制は課長、課長補佐の統括のもと総務係、管理係、維持係、河川係があり、それぞれの係が役割分担を担い県内の河川等の保全や運用等のための管理に当たっている。

一方、当該事業の実施に当たっては県内の各地域に配置されている県土木事務所が河川課の指導監督のもと施行する。

こうした手順のもとで各土木事務所においては河川等に係る種々の事業を展開する上で多種多様な問題が発生する。河川課はその疑問質問に的確迅速に答えて土木事務所と一体となって各事業の推進に当たっているのだ。

河川課では各土木事務所での河川に係る予算等については総務係が担当し、工務に関する指導監督は維持係と河川係の技師がその任務に当たり、河川法、公有水面埋立法、国有財産法などの適正な運用での問い合わせ、それに対する回答、そして指示監督には事務方の管理係が担当する。

このため管理係は各々の法律に精通していなければならない。辰ちゃんの配下には五名の法解釈にたけた職員がいて、それぞれの担当で各土木事務所が実施する事業の管理の面での相談、そして指導監督に当たっている。

このため辰ちゃんを筆頭に管理係の職員は各法律の逐条《ちくじょう》解説書の精読に努め、その中で疑問点などがあれば常時、係に議論の場を設けて討論し、あるいは国の指導を仰ぎ、その正解を見いだすのだった。

こうした中で特に辰ちゃんは管理係長としてその重責を全うするため河川等に係る各種法規の内容に精通すべく当該法律書とのにらみ合いが続いている。

かくして河川課管理係は河川等の法に基づく適正な事業推進が図られるための努力が日夜続いてゆく。

それでは辰ちゃんの河川課管理係の仕事の概要が分かったここらで一休みして辰ちゃんの〝こぼれ話〟に耳を傾けてみよう。

☺辰ちゃんの〝こぼれ話〟その（一）

辰ちゃんは管理係長として多忙な事務処理に没頭して時間を費やし、そのことで分厚い法律書の解読が思うようにできない日も多い。そんなとき辰ちゃんは当該法律書を家に持ち帰って勉強に精を出すのだった。

今日も秋の夜の灯の中で勉強に励んでいた。疲れて一休みして窓外の月を眺めていると隣の部屋から妻が子供たちの就寝前の物語の本を読んで聞かせている声が虫の音《ね》とともに微かに聞こえてくる。そのとき辰ちゃんの胸中には清貧に安んじる家庭環境の中で〝天に謝し足るを知る〟感情がほのぼのと静かに移りゆくのだった。

☺辰ちゃんの〝こぼれ話〟その（二）

辰ちゃんは今働き盛りの四十歳である。役所の重圧に負けないよう日常生活の中で浩然の気を養うことに心掛け、壮心凛々《りんりん》たる心境を目指す辰ちゃんの人生である。

それではこれを機に辰ちゃんの私生活を少しのぞいてみよう。

自宅は熊本市坪井にあって義母の家宅に仮住まいである。家族は妻と小学三年生の長男、幼稚園年長組の次男、それに義母の五人暮らしである。

辰ちゃんの毎日は朝五時に起床し、坪井川の堤防沿いでのジョギングで始まる。ジョギングから帰り、新聞を読み、朝食後、自家用車で県庁へと通勤する。毎日の役所からの帰宅は深夜に及ぶことも多い。休日には長男、次男が近くの警察署に通い剣道を習っており、辰ちゃんはその道場に行き、子供たちの剣道練習の見学をすることもある。また、子供たちが剣道の対外試合で遠征するときは自家用車を利用した父兄同伴が通例となっており、その都度、辰ちゃんも自家用車を駆《か》って子供を乗せ試合会場に行き、その上で子供たちの剣道試合の応援をする。

また、辰ちゃんは余暇を利用しては長男の学習指導も行っている。

更に、辰ちゃんは暇を盗んでは趣味の詩吟や剣舞に興じ楽しんでいる。そのことが疲れた体の気晴らしの機会ともなっているのだ。

こうして歳華は怱々《そうそう》として過ぎゆくのだった。

☺辰ちゃんの〝こぼれ話〟その㈢

辰ちゃんが河川主幹・管理係長になって一年以上が経過し、仕事にもようやく慣れ、その実力が発揮されていたころであった。

辰ちゃんの実家で農家を継いでいた兄夫婦の家族と一緒に暮らしていた母が父の死後

七年の歳月が過ぎた昭和五十七（１９８２）年、歳の暮れの十二月十三日に死去する。享年七十六であった。母はこれまで父と共に家族のためにひたすら辛抱強く働き続け、人に対しては優しく、まごころを込めて笑顔で接していた。その一方で性格的には勝気で気丈な女性でもあった。その母が老齢とともに「パーキンソン病」に罹《かか》って手足が不自由になり、日常生活においては食事や入浴、そしてトイレなどで兄夫婦の介護を要する毎日が続いていた。辰ちゃんも休日を利用しては実家に帰り、何かと母の介護に当たるのだった。そんなとき母はいつも嬉《うれ》しそうに何かと辰ちゃんに話しかけては笑顔を見せるのだった。

その母の死である。

辰ちゃんは棺《ひつぎ》に納まった母の死を前にしていると母の在りし日の思い出が次から次へと走馬灯のように胸を打って思い出されてくる。

その中には母が辰ちゃんにこれまで施してくれた数々の限りない恩恵があり、そのための母の苦労が身にしみて思い出されてくる辰ちゃんであった。その母に自らがどれほどの孝行をしたかと思うとき、辰ちゃんの心は熟思たる思いにさいなまれるばかりである。

母は死を前にして同居している今娘盛りの兄夫婦の長女に、〝自分が死んだら美顔で死出の旅立ちがしたい。百姓ですっかり土に染まってしまったこの素顔に美しく化粧を施してほしい〟と頼んでいたという。

その母の依頼を受けて、姪が施した化粧で美しくなった棺《ひつぎ》の中の母の顔は安らぎとともに微笑《ほほえ》みさえも感じさせている。そこには長かった人生の重荷をやっと下ろし、苦しい闘病生活から自由の身になり、父の暮らす極楽浄土へ往生する母の姿があった。辰ちゃんの目から一粒の涙がポツリと落ちた。

閑話休題

母の葬儀が済むと辰ちゃんは、いつもの河川課管理係長の重責を全うする毎日が続いてゆく。

こうした中で県政において昭和五十八（１９８３）年の新春を迎えて知事選があり、

これまでの知事三期の不文律をなぞるかのように知事交代劇が繰り広げられた。かくして新知事が誕生し、県庁にも新たな風が吹いていく。その中で県庁では昭和五十八（1983）年六月から土曜日の「四週一回半休交代制」が導入され、当該土曜日に当たった人の休日が施行された。辰ちゃんはその制度を活用して休日には長男、次男への学習指導や剣道を習っている二人の剣道練習を見学励まし、更には野球の手習いなど、スポーツを通して親子の心の触れ合いを感じては楽しく過ごしている。

辰ちゃんが河川課勤務となって三回目の新春となる昭和五十九（1984）年を迎えた。

辰ちゃんは河川課管理係長としての主たる業務である河川の管理に熟達し尽力する一方で、国からの委託事業である公有水面埋め立ての免許授与にも配下の職員と一緒になり、熱心に取り組んでいた。

その中で国、県の長らくの懸案事項であった九州電力が推し進める天草郡苓北町の苓北火力発電所建設のための公有水面埋め立ての免許申請が残っていた。

辰ちゃんの管理係はこの重要案件ではその海面の埋め立て面積も広大であり、幾度ともなく九電と協議を重ね、また町を通じての地元住民の意見に耳を傾け、その結果を踏まえて国の指導を仰ぎながらその難題に尽力する日々が続いていた。その一歩、一歩の努力のかいもあって懸案事項であった九州電力からの埋め立て申請についてやっとその免許の授与を果たすことができたのだった。辰ちゃんはその業務完了にひとときの安堵を覚え、胸を撫で下ろすのだった。

こうして河川課での職務遂行が三年を過ぎようとしていた昭和五十九（１９８４）年四月一日、青天の霹靂《へきれき》、辰ちゃんは思い掛けなく企画開発部企画課に特別異動することになった。

それは新知事が目指す県勢浮揚発展のための布石の一つとなる重要な任務を帯びた特殊異動であった。

8　県勢浮揚発展のための〝テクノポリス熊本〟創造の一翼を担って

昭和五十九（１９８４）年四月一日、辰ちゃんは臨時の人事異動により土木部河川課から企画開発部企画課に異動となる。更に辰ちゃんは企画課の業務命令で企画課の傘下に新設された県土地開発公社で勤務することになったのだ。

県がこの県土地開発公社を設立するに至った背景には新知事の提案のもと、県の念願であった国のテクノポリス地区指定の承認を今年受けることができたことにあった。

補足すれば国のテクノポリス地区指定の承認を受けた県は、その前提要件となっていた「内陸工業団地を造成する」ことが必須の条件となっていたのだ。このためそれに見合う広大な用地の確保が喫緊の課題であった。そこで県としては当該用地取得のための組織として新たに企画課の下部組織として県土地開発公社を設立したのである。

公社のこれからの設立運営に当たり、何はさておき公社を立ち上げ、そこで働く有能な人員が求められた。そこで知事の配慮のもと、まずは公社立ち上げのための人選がなされ、県山鹿土木事務所の用地課長、そして土木部河川課主幹・管理係長の要職の実績があり、その評価を受けた辰ちゃんに白羽の矢が立ったのであろうか。

その県土地開発公社の事務所は県庁西門近くの借ビルの二階に設けられた。

そこに県の部長職を務め、定年で退職した人が理事長として、また、辰ちゃんと同じく県から出向してきた課長級の人が事務局長として就任した。そのことで辰ちゃんを含めた三人が公社に入居し、まる一年掛けた翌年、昭和六十年四月一日からの当社の実質的な実働に向けて公社の具体的な運営方針づくりに、そしてそれに基づく組織体制づくりに取り組むことになった。

それら取り組みの実働部隊としては辰ちゃん単独の一人である。その辰ちゃんが上司から当公社の指針、そしてその指針に基づく組織等についての素案を作るよう命じられたのだ。かくして辰ちゃんの孤軍奮闘が始まってゆく。

辰ちゃんは同類の公社のある先進県から資料を取り寄せ、また庁内では公社の親元である企画課、それに公社運営に関係する人事課、用地対策室などを駆け巡り、その公社運営などに当たってのいろいろな内情について説明を聞き、指導を受ける。

こうして辰ちゃんは二カ月ほどを経て、県土地開発公社の指針、そして業務内容・組織等の原案をまとめ、上司の決裁を受けて本課である企画課、そして人事課に提出した。その後、辰ちゃんはその原案をもとに企画課、人事課と具体的な業務内容・組織等の詰めに奔走する。

その一方で県が指定した工業団地の第一号用地となる熊本市東部に隣接する西原村の某地区約三十ヘクタールの用地買収に向けた諸準備にも取りかかった。

測量会社に委託して買収区域の図面等を作り、また近傍類似の土地取り引きなどを基礎に土地の買収価格の設定等も検討する。

こうして半年足らずに迫った翌年、昭和六十年四月一日の公社業務の実働に向けた事業内容や組織等についての詰めの作業が辰ちゃんの孤軍奮闘の中で続いていた。

それではここで一休みして公社での辰ちゃんの心の動きを〝こぼれ話〟として耳を傾けてみよう。

☺辰ちゃんの〝こぼれ話〟その（一）

辰ちゃんはくだんの通り、半年後に迫った来年四月一日の公社業務実働に向けて、上司とも良く協議しながらその詰めの作業に取り組んでいる。その中では初めての仕事も多く、月日が迫り来る中、先の見通しが立たない案件も多くあり、その都度、不安に駆られる日々でもあった。そんなとき、辰ちゃんには理事長、事務局長の二人とは相当の年齢の差もあり、職場で心置きなく仕事の悩みなどを気兼ねなく打ち明けて話す相手もいない。

そんなとき辰ちゃんは、

自分に負けるな！

平常心を持って困難に堪え忍び、難問に当たれ！

天が己に与えた問題は必ず解決するためにあるんだ！

と自分に言い聞かせては我が身を叱咤《しった》激励する。更にどんな難事に当たっても平常心を見失わない安心立命を心に誓うのだった。

こうして辰ちゃんの県土地開発公社の立ち上げに向けた詰めの作業が上司の指示を仰ぐ中で続くのだった。その中で月日は逝水《せいすい》の如く過ぎ去ってゆく。

昭和六十年の新春を迎えた。めでたい正月ではあるが、辰ちゃんの心はその祝賀の喜びに浸る余裕はなかった。来たる四月一日の公社の実質的な業務開始が目前に迫っているからである。

そのような新春を迎えた中で辰ちゃんの心境に元気を与えてくれる天の声がふと聞えたかのように思えた。

そのとき何ぞ図らん、辰ちゃんは去年の夏の定期人事異動に際して新聞に載った知事談話を思い出していた。その知事の声が今また新たに辰ちゃんの耳元に聞こえてきたのだ。知事はこう言っていた。

〝今回の定期異動の要諦は人心清新で県政実行型のスタートとなるもので、失敗を恐れず積極的に仕事に取り組む人が評価される〟

辰ちゃんはこの知事の言葉を天の声、更には座右の銘として失敗を恐れず難題の解決に尽力し、多岐にわたる仕事の成果を出すべく努力しようと決意するのだった。

こうして元気を取り戻した辰ちゃんは仕事始めの当日から正月気分返上で直面する困難な仕事に取り掛かり、そのことで難解な課題が一歩一歩解決に向かい、その前進が図られてゆく。その辰ちゃんの獅子奮迅の働きぶりを上司も目を細めて激励するのだった。

閑話休題

昭和六十年四月一日、県土地開発公社は業務内容、そしてその組織等が整い、それに伴う職員の確保もできた。その組織体制としては支払い事務等を行う総務課、用地買収に携わる開発課の二課があり、その組織のもとに十名程度の職員体制である。

こうして公社は晴れて工業団地用地買収の実働に入ることになった。

このことにより県土地開発公社の所管は当初公社発足のための企画・立案等に携わった企画開発部企画課から、今後は用地取得の実務に当たることから土木部用地対策室へと移った。

これに伴い公社での辰ちゃんの位置付けは理事長、事務局長に次ぐ事務局次長に昇級し、その職に加えて事務方の総務課長、更に買収業務に当たる開発課長も兼ねることになる。県庁の職域はさまざまで、幅広いが同一の職場でこれだけの役職に付いている人は辰ちゃんぐらいのことではなかろうか。また辰ちゃんは公社勤務になってから数々の困難を乗り越えた功績が認められたのか、県庁職員における人事面での昇級・昇格の発令を次々と短期間の中で受けるのだった。

それはさておき、ここに至り辰ちゃんはまさに公社運営の実働部隊の陣頭に立って尽力することになった。

かくして辰ちゃんを先頭にして熊本市東部に隣接する西原村の某地区約三十ヘクタールの工業団地用地買収が動き出す。辰ちゃんをはじめ公社開発課職員は当該土地の地権者に対して誠心誠意をもって図面を広げ、用地買収の内容について丁寧に説明する。その上で用地交渉に臨むのだった。

記述が前後するが、ここでその用地買収の対象となった土地について概略述べておこう。

先述の通り、国から「テクノポリス熊本」の認定を受け、県としてはその要件であった工業団地の造成を目指すことが喫緊の課題となっていた。このためその受け皿となる県計画の第一号としての工業団地の造成候補地が熊本市に隣接し、熊本市のベッドタウンであり、また農地が広がる西原村の一角にあった。その用地面積は約三十ヘクタールの広さを誇り、その地権者のほとんどが農家である。

公社開発課職員は目標達成のために総力を挙げて対象用地の買収に向けて、その用地交渉に臨むことになったのである。団地交渉相手のほとんどが農家で昼間の仕事が多く、このためその用地交渉では公社職員は夜間に地権者宅を訪問して協力をお願いすることが多い。このため辰ちゃんをはじめ、用地交渉に当たる公社開発課の職員は夜討ち朝駆けで地権者宅を訪問する。

こうしたことで、もともと県庁の職種の中で難関中の難関といわれている用地買収交渉は毎日が苦難を極める。しかも約三十ヘクタールの広大な区画での買収である。その苦労を熟知している関係者の多くが辰ちゃんに、

「この用地買収は容易に解決する代物ではなく、県が期待している〝短期間で事を済ます〟のはとても無理な話だよ」

と同情する。

それでも辰ちゃんは、県は国からテクノポリス地区指定の承認を受けており、その条件として一刻も早く用地取得を済ませ、工業団地を造成することが要請されていることを熟知している。辰ちゃんを先頭にその任に当たる公社開発課の職員は各地権者の家々を足繁く訪問してはその内容について何回とも繰り返し説明し、ひたすら協力を求めて

の死闘が続く日々であった。

こうした公社職員の尽力のもとに用地交渉は一歩一歩地権者との妥協ができ、調印がなされていった。

かくして辰ちゃんたち公社職員の日々の努力の成果が実り、用地買収開始から一年足らずで大方の用地が買収できたのだった。

県をはじめ、理事長を含めた県土地開発公社職員の大きな喜びとなったことは論を俟《ま》たない。

内陸工業団地の第一号となる西原村の某地区での用地取得の目鼻が付いたこともあって、辰ちゃんは意気揚々としてこれまでの夏の異動からその期日が早まった昭和六十一（1986）年四月一日の定期人事異動で、二年間在勤した県土地開発公社から商工観光労働部観光振興課の課長補佐として異動し勤務することになった。

9　熊本の魅力発見、そしてその発信に努め観光の振興を図る

昭和六十一（１９８６）年四月一日、辰ちゃんは定期の人事異動により商工観光労働部観光振興課に異動になる。その職名は課長補佐である。

観光振興課は熊本の人となり、そして自然や文化、更には歴史などの魅力を掘り起こし、再発見してその素晴らしさを県内はもちろんのこと、全国に、更には海外に向けて発信する担当部署である。そのことで県内の各地域が活性化し賑わいを取り戻し、更には全国から、海外から多くの観光客の誘致を図ることにある。

この目標、指針に従い、課長を中心に辰ちゃんたち課の職員は県内の市町村と連携を密にして、また全国の観光担当課と情報を交換しながら県観光の振興に取り組んでいた。

そんな中、季節の移ろいとともに県観光の進め方も移りゆく。

例えば、

・春には若葉の緑、そして花咲く彩り豊かな大地と共に

・夏には各地の盛大な夏祭りが人々を熱狂させる笑顔と共に

・秋には山粧《よそお》う天然の輝きと共に
・冬は霜辛雪苦《そうしんせっく》の厳寒の中で人の世の年末年始の多忙な行事と共に

県観光の寄って立つ基盤が整えられ、その彩りを添えて県の観光が振興されてゆくのだ。

さて、課長を中心に辰ちゃんたち職員は課の目指す目標に向かって尽力する。その中では人情味豊かな県民性を誇りに思い、熊本の自然と文化の花咲く中で〝どこよりもこだけ〟を合い言葉に熊本の魅力の掘り起こし、そしてそのことを振興発展させては県内外にその輝きを発信させていた。このことが地域の活性化にも役立ち、また多くの観光客の誘致へとつながってゆく。

この〝どこよりもここだけ〟を目標とする理想を念頭に描きながら課長を補佐し、県観光の振興に日々尽力する辰ちゃんである。

それではここでちょっと一服して辰ちゃんの〝こぼれ話〟に耳を傾けてみよう。

☺辰ちゃんの〝こぼれ話〟その（一）

辰ちゃんの所属する観光振興課は各地で日曜日や祝日でのイベントなどが多く予定さ

れており、辰ちゃんをはじめ、課の職員は休日返上でその支援などに出向いている。

そんな中で、辰ちゃんの自宅では念願が叶《かな》い、私邸の新築が進められていた。その場所は現在住んでいる熊本市坪井の義母の家から一キロほど南の市中心街に寄った所である。古い家とその土地を買い取り、その家を解体撤去しての新築である。

夏を迎えた昭和六十一年七月吉日、辰ちゃん一家はその新築がかなった新居に引っ越す。小さな庭付きの二階建ての邸宅であるが、自宅を持つことができて辰ちゃん一家はその喜び、そして満足を身に染みて感じるのだった。義母も老後のことを考え、自宅を人に貸すことにして、辰ちゃん一家と同居することになった。その義母は新居の一部屋の私室で自由に振る舞い、妻との語らいを楽しんでいる。長男、次男はそれぞれ来春の高校、中学への受験を控えてこれまた新居の与えられた個室の机を前にして勉強に励んでいる。辰ちゃんは暇をみつけては子供たちの家庭教師となって、学習の支援をするのだった。

閑話休題

昭和六十二（１９８７）年の新春を迎えた。年が明けた観光振興課は一大イベントを前にして大忙しの最中となる。毎年二月に開催される北海道の「サッポロ雪まつり」に今年は熊本市と共催で熊本城の雪像を造って祭り会場に展示し、広く熊本の魅力を売り出すことにしているのだ。

辰ちゃんはその現地とのやり取りをはじめ、諸準備で忙しい毎日が続く。その中には祭りの主催元を通しての雪像造りでの委託契約事務もあり、遠い北海道との事務連絡に苦労する辰ちゃんである。

二月になり、いよいよ「サッポロ雪まつり」が全国からの協賛を得て始まった。辰ちゃんと課の担当職員は知事ら幹部一行に先がけて、一足先に現地へと向かう。「サッポロ雪まつり」の開催当日、辰ちゃんは担当職員と一緒に祭り会場へと足を運ぶ。小雪の舞う寒い中、辰ちゃんたちは春雪に映えて照り輝く全国から出品されたさまざまな雪像を横目に見ながら歩を進めてゆく。やがて目の前に熊本のシンボル、熊本城の雪像が天空の中にその凛とした雄姿を見せて現れた。辰ちゃんたち一行はその空高く聳《そび》え立つ勇姿にかたずを呑んで見入っている。その傍らでは朔風《さくふう》の中にも微かな春風が感じられる中で、熊本城の雪像の雄姿を見て立ち騒ぐ、群衆の驚嘆の声が聞こえてくる。その声に呼応するかのように難攻不落の熊本城の雪像から〝弥猛心《やたけごころ》の雄叫《おたけ》び〟が返ってくるようでもある。

辰ちゃんはしばしこの情景に無念無想を感じて立ち尽くしていた。

やがて職員の呼びかけで気を取り戻した辰ちゃんは、職員と一緒に雪像の前に立ち、そこを訪れる人たちにあらかじめ準備していた熊本を売り出すための県の観光パンフの配布などに専念するのだった。

そのころになると共催相方の熊本市の職員もやって来て、道行く観光客に熊本市の観光パンフを配るなど、熊本市の観光宣伝に辰ちゃんたち県職員と一緒になって励むのだった。こうした中で、辰ちゃんは自ら厳寒に耐えて熊本から持って来た借り物の甲冑《かっちゅう》を身に纏《まと》うと、往時の熊本城の門衛に扮して雪像の前に立ち訪れた客を迎えては武士道に則《のっと》り接するのだった。こうして「サッポロ雪まつり」の熊本城雪像出品は大盛況裏に終わることができた。

熊本に帰った辰ちゃんは熊本市坪井の自宅から仰ぎ見る本体の熊本城を眺めてはそのお城に今回の「サッポロ雪まつり」の報告をし、その上で盛会裏に事が済んだことに感謝の誠を捧げるのだった。こうして辰ちゃんはひとときの安堵に身を投じていた。

熊本に春が来て桜の蕾も膨らむ季節になり、辰ちゃんが観光振興課で勤務するようになって丁度一年が過ぎようとしていた。

その三月に定期の人事異動の内示があり、何と辰ちゃんは県芦北事務所長を命ぜられ、栄転することになったのだ。辰ちゃんはその内示を受けて、その喜び、そしてその僥倖《ぎょうこう》に満足するとともに、勇往邁進《ゆうおうまいしん》の志に燃えるのだった。そのとき、辰ちゃんは所長として自信と誇り、更には勇気を持って一歩一歩でよい、その職務を全うすることを心胸に誓うのだった。

一方、家庭では長男、次男がそれぞれ試験に合格し、希望の高校、中学に入学することになった。家族一同の喜びとするところである。

その喜びとともに辰ちゃんは何と課長級に昇格し、県事務所長に栄転したのだ。ここに至り、辰ちゃんは褌を締め直し、その心構えとしてその職責を全うするため必要な安心立命の自然体が常に保てるよう、自己鍛錬に励む毎日が続いてゆく。

10　熊本県芦北事務所長の重責を拝命して

辰ちゃんは県庁在勤中、芦北、天草、東京の各県事務所長を拝命し勤務する。多くの県職員の中で当時としては三カ所もの県事務所長に就任するのは極めて異例なことで、稀な存在であった。このことは辰ちゃんにとっては県職員としての矜持《きょうじ》であり、希望の光が大きく輝く就任でもあった。更に何と辰ちゃんは県芦北事務所長となって課長級に、そしてこの後に就任する県天草事務所長となって次長級に、県東京事務所長になって部長級にそれぞれ昇格したのである。

それはさておき、昭和六十二（１９８７）年四月一日、辰ちゃんは前述の各県事務所長の始原となる熊本県芦北事務所長の辞令を知事から受けた。さて、県芦北事務所の行政区域は県南の芦北郡三町（田浦町、芦北町、津奈木町）と水俣市である。県事務所の任務はこの行政区域における県行政全般にわたり、本庁各課との連携、指導のもとでその各々の業務を確実に実践遂行することにある。

さて桜の蕾が膨らむ四月一日、辰ちゃんは早速、芦北事務所から迎えに来た公用車に乗り込むと県庁を後にして県事務所のある芦北町へと向かった。

公用車は熊本市を駆《か》り行き、国道3号を南下してゆく。一時間以上が過ぎたころであろうか、車は県南に位置する八代市のそのまた南端に位置する湯煙の立ちのぼる温泉街、日奈久の町を経て坂道に差し掛かる。ここが旧薩摩《さつま》街道でその当時の旧名が残る三太郎越えの一つ、赤松太郎峠である。辰ちゃんを乗せた公用車は峠へと進み、間もなく峠越えのトンネルの中へと入りゆく。

その薄暗いトンネル内を公用車は行き交う車を尻目に、スイスイと通り過ぎて行く。そのやがて視界がパアーッと広がり、辰ちゃんの眼間《まなかい》に小高い山々が飛び込んできた。その山の斜面には日本一を誇る甘夏みかんの畑が連なり、緑の若葉が韶光《しょうこう》に映えて照り輝いている。その先の遠くには青々とした海原も見え、辰ちゃんが思わず車の窓を開けると爽やかな潮風が辰ちゃんの頬《ほほ》を打つ。運転手の話ではここからが芦北郡内となり、その一つの町、田浦町であるとのことである。辰ちゃんは県芦北事務所の管轄区域に入ったことを知ると、思わず身が引き締まるのと同時に、心胸の高鳴るのを覚えるのだった。

車は田浦町の美しい風光が広がる中を進み行く。それも束の間、車はまた次なる山道へと差し掛かる。三太郎越えの二番目の峠、佐敷太郎である。この峠越えも今ではトンネルが貫通しており、車はトンネル内を走行してゆく。やがて車はトンネルを抜け、坂道を下ると町内に入った。ここが芦北郡の中心の町芦北町で、そこに県事務所が置かれている。

事務所に着くと総務振興課長が玄関に迎えに出ており、その案内で辰ちゃんは職員が待つ大会議室へと向かった。大会議室に入った辰ちゃんは、所の全職員約百人を前にして所長就任のあいさつをする。その後、所長室に入った辰ちゃんは、今回の人事異動で所に転入して来た職員一人一人に辞令書を交付する。

こうして辰ちゃんの県芦北事務所長としての勤めが始まったのだった。それではここでちょっと一服して、辰ちゃんの日常生活をのぞき見てみよう。

☺辰ちゃんの〝こぼれ話〟その（一）

辰ちゃんの住居は国鉄鹿児島本線佐敷駅に隣接して建てられている所長公舎である。辰ちゃんには二人の子供がいて熊本市の高校、中学校へと在学中であり、このこともあって単身赴任である。

食事は朝は自炊をし、昼と夕食は外食が多い。こと程さような日常生活にあって辰ちゃんは心身の健康保持のため、公舎近くにある町営グラウンドで、早朝や帰宅後の余暇を利用してジョギングに汗を流すのだった。

閑話休題

さて、県事務所には・総務振興課・税務課・福祉課・林務課・耕地課・農業振興室・農業改良普及所・出納課があり、その業務内容は多岐にわたる。

辰ちゃんは早速、事務所の会議室を活用して、各課から事業内容について説明を受ける。それと並行して事務所外では県営の林道や農道などの土木工事の現場などにも足を運び、その進捗状況などを視察する。

他方、管内の市町や各種団体などを訪問しての所長新任あいさつ回りも続く。その忙しい合間を縫って辰ちゃんは所長室にこもり、各課の重要な業務内容や課題について勉強に明け暮れる日夜であった。なお、管内の県営道路、河川などの土木事業、それに教育、衛生などの事業については別個に独立した県の出先事務所があり、県事務所は県政全般として横のつながりはあるものの、それらの業務については管轄外となっている。

また、熊本県の重要課題の一つである水俣市に係る水俣病対策については、本課の直轄事案となっていて、県事務所はその補助的機関と位置づけられている。こうした管内での県行政事業の内での県事務所としての役割分担の中で、辰ちゃんは所の事業が円滑に進むため、まずは各課の事業内容の把握に奮励努力する毎日であった。

一方、管内では各種団体などが年度初めを迎えてその総会を開く時期に当たる。その中の主な団体を挙げれば、各地域での農協、漁協、森林組合、社会福祉協議会、老人クラブ、交通安全協会、建設業協会、商工会、観光協会などなど多岐にわたる。それらの総会への所長出席案内が軒並み来ており、それら総会への辰ちゃんの出席が目白押しとなっている。かくして辰ちゃんは知事代理として、あるいは県事務所長としての来賓案内を受け、公用車を走らせて会場に行き、多くの関係者を前にして壇上に立ち、祝辞を述べる日々である。

それではここでちょっと一服して、各々の総会に臨んでの辰ちゃんの感懐を述べてみよう。

☺辰ちゃんの〝こぼれ話〟その（二）

辰ちゃんはくだん通り、年度初めの各種団体の総会に出席している。その式典の中で壇上に立ち、来賓祝辞を述べる辰ちゃんであるが、まずはその「あいさつ」についてである。辰ちゃんは各種団体の総会に出席するに当たり、まずはその担当課で作成し、辰ちゃんに提出された当総会の意図するところの概要書、並びにあいさつ文を熟読する。

その上で、

・当該総会のよって立つ趣旨をよく理解した上で、その内容があいさつ文に十分生かされているか

・あいさつ文の長さがその場にふさわしい長さになっているか

などを吟味して手直してゆく。その上で総会の壇上に臨んでは、

・姿勢を正し

・礼節を重んじ誠心誠意を込めて

・平常心を保ち
・丹田からの声で
あいさつすることに心掛けるのだった。

☺辰ちゃんの〝こぼれ話〟その(三)

辰ちゃんが所長として赴任して間もない日々から各地では、くだんの通り各種団体などが主催する総会の時期に当たっており、辰ちゃんはその案内を受けて来賓として出席する毎日が続いていた。

その総会の会場に出席し、所長として来賓席に臨むのであるが、その際、所長として心掛けていなくてはならない大切な事柄があった。それはその総会などに主催者として、あるいは辰ちゃんのように来賓として出席している市町長や市町議会議長、あるいは各種団体の長などの〝人脈〟である。辰ちゃんは総会などの席上でそれらの人たちと隣り合わせになることが多い。その場に臨んで辰ちゃんは、その人たちと当該地域振興策などの案件や課題を話す機会も多い。

その際、その人の寄って立つ〝人脈〟をよく知っていないと、お互い腹を割っての会話ができないのだ。このため、例えばその人が国政の中でどの政党に属しているか、また、その政党の中でもどの代議士とつながっているか、などなどを事前によく熟知していなくてはその人との会話が中途半端となり、話が薄っぺらな会話となることが多いのだ。辰ちゃんは丹念にその情報をその道の通から聞き出しては自分なりに、細やかにメモしておくのだった。

閑話休題

辰ちゃんは所長就任から一、二カ月経つと事務所の職務内容もその大方の概要を知ることができ、管内要人の人脈もそれなりに知ることができた。

立夏を過ぎ、風は「光る」から「薫る」になった。辰ちゃんは事務所の仕事にも少しは慣れ、また多忙を極めた各種団体などの総会の時期もようやく納まり、ひとときの心の安らぎを覚えることもあるようになった。

折しも自然界に眼間《まなかい》を転ずれば、海辺に近い水俣・芦北地方は薫風が吹く初夏を迎えると海岸沿いの山肌には目覚めるような新緑が美しく映えてくる。その新緑の中で特に小高い山の斜面には日本一を誇る甘夏みかんの花が雪のように白く咲き、海風に乗って盛んにその芳香を漂わせて優雅な趣を醸し出している。また、県立公園になっている芦北海岸に立つと、山海の自然の風光に加えて、波静かな八代海には白帆にいっぱいの風を受けた観光うたせ船が優美な姿を見せて蒼茫《そうぼう》とした海原に浮かんでいる。

こうして水俣・芦北地域の管内が万物を育てる初夏の長養《ちょうよう》の季節を迎え自然が輝くとき、県事務所の会議室では「日本一づくり運動」の推進を巡って激論が交わされていた。県ではまさにこれ、知事提唱のもと、「日本一づくり運動」が進められている。この運動の主旨は全国のモデルとなる個性豊かな地域づくりを目指して、県政が一丸となり積極的に取り組もうというのである。

例えば、ユニークな地域づくり、特色ある農業先進地づくり、特産品開発、県の内外に発進できるイベントの掘り起こし、地域づくりのための人材育成などである。つまるところ県政の支援、指導のもと、地域住民自身が〝ナンバーワンよりオンリーワン〟、平たく言えば〝どこよりもここだけ〟の地域の魅力を見いだし、そのことで地域の活性化を図ることをめざした先駆的な挑戦である。

辰ちゃんは県事務所の通常業務は行いつつ、期日を決めてそれぞれ各課の幹部や若手職員を一堂に集めて、「日本一づくり運動」における県芦北事務所の独自の方途を見いだし、育成するための会議を開催していた。

季節は移り、夏の太陽の時季になった。人工ビーチのある芦北海岸や水俣の温泉旅館が立ち並ぶ湯の児海岸などは、県内外から多くの海水浴客などが訪れ、賑わっている。

九月になり長寿を祝う敬老の日が近づくと、福祉課は俄然《がぜん》、多くの業務が活気を帯びてくる。その中で県事務所長である辰ちゃんは芦北郡内の百歳以上のお年寄りの世帯を回っては皆さんの笑顔に接し、記念品としてフェザーケットやお酒、お菓子などを手渡して長寿のお祝いを述べるのだった。

こうして県事務所の業務推進に尽力する辰ちゃんの日々が続いている。

それではここらで一休みして辰ちゃんの日常生活の一端での〝こぼれ話〟に耳を傾けてみよう。

☺辰ちゃんの〝こぼれ話〟その（四）

県事務所長をしていると日曜日など休日も結構忙しい毎日である。事務所には若手職員も多く、彼らは人生の幸慶である結婚の適齢期を迎えており、辰ちゃんはその仲人役を頼まれたり、結婚披露宴に招かれて祝辞を述べる機会も多々ある。

また、休日を活用して開催される管内でのスポーツ大会からはその来賓としての案内もあり、その会場に出席しては当大会の盛会を期して、激励の祝辞を述べたりもしている。

このように休日を返上しての種々の行事があって、辰ちゃんは公舎の掃除や衣類の洗濯などがままならない週も多い。そんなとき、妻が休日に熊本市内から汽車を利用して公舎にやってきては掃除、洗濯などをしてくれている。妻はそれらの仕事が済むと、熊本市にある住居には義母や子供たちがいて家を空けるわけにもいかず、いつも慌ただしい日帰りでの往復であった。辰ちゃんは妻の苦労に頭の下がる思いである。

なお、県では週休二日制への移行期に入っており、職員は二週に一回程度の指定休が設けられていた。

閑話休題

月日は〝金烏《きんう》急に玉兎《ぎょくと》速やかなり〟の金句のように怱々《そうそう》として過ぎゆく。秋が来て、各県営工事の事業では、その各事業の設計や用地買収等に尽力した結果、事業推進のめどが立ちその林道や農道など、更には県とは別に国営の港湾事業などの起工式も始まり、辰ちゃんは精力的に出席する。日は進みゆき、歳の瀬が近づくと、所長の福祉施設への年末慰問なども始まる。

かくして十二月二十八日が来て、役所の御用納めとなり、所内では職員一同を会しての式典が開催された。辰ちゃんは今年一年の職員のご苦労をねぎらい、感謝のあいさつをするのだった。その翌日からは年末年始の休暇となる。早速、辰ちゃんは住居である所長公舎の内外を清掃する。それが済むと辰ちゃんは自ら自家用車を運転して熊本市の家族が待つ住家へと帰ってゆく。

年が明け昭和六十三（１９８８）年の正月である。辰ちゃんは一月四日に事務所の御用始めの式が予定されており、家族との楽しい正月の団欒も早々に切り上げ、三日の夕刻には公舎に帰った。

四日は事務所の御用始めの当日であり、午前中にその式典が粛々として執り行われる。辰ちゃんは事務所の全職員を前にして所として今年のめざす方針などについて述べ、その実現に向けて尽力すべく職員を鼓舞するのだった。式が終わる午前十時ごろから管内の町長や各種団体の幹部が新年のあいさつに来所する。辰ちゃんはその対応で机に座る暇もない。

翌五日は管内の県事務所をはじめとする県の各出先機関長、町長、それに各界代表者、更には警察署長などが一堂に会した新春懇談会が芦北町の旅館で開かれた。辰ちゃんはその会場で「地域づくりの現況と将来の展望」と題して講演する。その後、出席者一同との懇親会が始まり、その中で当地域の活性化のための方途などについてそれぞれが意見交換するのだった。

その会話の中で、辰ちゃんは農業団体からは国政による農産物の輸入自由化に係る諸問題、また漁業団体からは後継者不足や嫁不足などの悩みを聞かされた。また多くの人から地域づくりのための人材育成に力を入れてゆくべきだ、などの意見もあった。

こうして各種団体などとの新年のあいさつや会合が済むと、所内各部署は通常業務に戻り、その事業の推進が精力的に運ばれてゆく。

やがて所内は三月の年度末を迎え、一段と忙しい毎日が続いている。桜の花咲く時季となった四月一日、県芦北事務所は新たな年度を迎えた。そして今日は人事異動の日でもある。辰ちゃんは今回の異動で県芦北事務所の新たな所員となった職員に辞令書を交付する。こうして新しい組織体制も整い、そのもとで事務所の新年度事業が粛々と始まってゆくのだった。

辰ちゃんは所長となって二年目を迎え、何事においても自信と誇りを持って、その責務に応えるべく業務推進に励んでいる。そこには多忙な毎日ではあるが幾分余裕も出てきた。

そこで辰ちゃんには昨年度に続き、県の指針である「日本一づくり運動」をめざした特異な事柄を見付け出し、この管内でも何か実現できないかとの思いが募る。以前からこの趣旨に添う組織は出来ていたが、その組織を一歩進めて「水俣・芦北地域振興スタッフ会議」と名称も新たにして組織を充実させ、その中で地域での「日本一づくり運動」について議論してゆくことにした。その下部組織として、テーマごとに若手職員を中心にしたワーキンググループも配置して提言を求める。また、テーマによっては必要に応じて当該地域の住民からのアイデアも提出してもらうための募集も始めた。

そのころ、初夏の管内の海岸沿いの小高い山の斜面には日本一を誇る甘夏みかんの白い花が咲き、青葉の茂る山肌を鮮やかに彩っている。やがて平地の田んぼには田植えが始まり、插秧《そうおう》した禾穂《かすい》が薫風になびいている。

一方、白砂が初夏の太陽に映える海勢弓湾《かいせいきゅうわん》の連なる海曲《かいきょく》の芦北海岸のかなたには、滄溟《そうめい》な海原に三百年の伝統をもつ観光うたせ船が白帆に風を受けて優美な姿を見せている。季節は移り盛夏の時季を迎えると、管内の海岸は例年のごとく海のレジャーを楽しむ多くの観光客で賑わってくる。それも束の間、清爽《せいそう》の初秋を迎えた事務所では各々の職員が業務推進に励む傍らで、それら職員の健康増進と融和等図るため、余暇を活用しての各種スポーツの練習やその成果としての大会が開かれていた。辰ちゃんもその一人として極力参加している。

それではここらで一休みして辰ちゃんの〝こぼれ話〟の幾つかを垣間見ることにしよう。

☺辰ちゃんの〝こぼれ話〟その（五）

くだんの通り、所内では余暇を利用しての各種スポーツの練習やその大会が開催されていた。その中の一つであった野球チームは七月末にあった全庁野球大会で優勝し、九州各県庁職員対抗野球大会での熊本県の代表となった。当九州大会は、今年は沖縄で開催されることになっている。

月日が進み、大会当日を迎えた辰ちゃんはその選手団長として会場である沖縄県立奥武山野球場に赴く。その九州大会で芦北野球チームは強豪を押さえて勝ち進み、ついには見事に九州大会での優勝の栄冠を手中にしたのだった。まさにこれ、県芦北事務所全職員が喜び、誇りとする出来事であった。

☺辰ちゃんの〝こぼれ話〟その（六）

秋が深まる中、辰ちゃんは休日を利用して宿願であった水俣市の亀嶺《きれい》峠へと向かった。そこは顥気《こうき》秋光の中、一面ススキの銀波がきらめく峠となっている。この峠には文政元（1818）年にかの有名な漢詩人、頼山陽が薩摩の大口を経て水俣に入り、この峠に来て漢詩一首を作っており、その記念の詩碑が建てられている。

その峠に立つと彼方《かなた》には八代海が広がり、その先には天草の島々が、そして遠くには霧島、桜島、雲仙の山々も眺望できる景勝の地となっている。時を置かず、この光景を見て詩心を懐《いだ》いた辰ちゃんの朗々とした詩吟が秋の高天に響き渡る。

閑話休題

キンモクセイの甘い香りが漂い、日が落ちると草むらでは秋の虫たちが弦を弾く季節になった。「暑さ寒さも彼岸まで」と俚語《りご》に謂《い》われているように、秋の彼岸が過ぎるとここ芦北地方も暑かった夏の気候も収まり、涼爽《りょうそう》の雲気が立ちこめる。

そんな中で、県芦北事務所では各課の事業が一段と熱気を帯び推進されてゆく。その内容を記した各課の決裁文書が辰ちゃんの大きな机の上に山と積み上げられている。辰ちゃんはその一つ一つの書類に目を通し、納得した上で判子を付いてゆく。中には十分理解できない案件があると、担当職員を呼び説明を受ける。こうして事務所の業務が適正に処理されていた。

一方、それらの通常業務とは別に本年度立ち上げた「水俣・芦北地域振興スタッフ会議」も適宜開催し、当地域での県が提唱する「日本一づくり運動」の掘り起こしに努めている。それではその努力の成果の中から特に甘夏みかんの販路拡大の歩みをたどってみることにしよう。

時は移り、初冬の短晷《たんき》の愛日《あいじつ》を受けて管内では甘夏みかんの果実の色合いが日を追って鮮やかに映えてくる。くだんの通り芦北・水俣地方は甘夏みかんの栽培が盛んであり、㊐の商標を付けた〝㊐甘夏みかん〟の日本一の産地として県内外に知れ渡っている。五月に美しい純白の花を咲かせ、芳香を漂わす甘夏みかんは十月下旬から十二月上旬にかけてその実が黄橙色に色づいてくる。そして年を越えた二月下旬から三月上旬にかけて収穫し、一時保存の後、四月から五月頃が適食期となる。

この日本一の産地を誇る甘夏みかんの販路拡大は芦北・水俣地域の産業発展の鍵をにぎる重要課題の一つであった。事務所では、前述の「水俣・芦北地域振興スタッフ会議」の中でもその振興策がいろいろと討議されていた。その会議での討議内容なども参考にしながら、甘夏みかんの販路拡大に向けた取り組みについては、事務所内では担当部署である「農業振興室」が中心となって関係機関、団体と連携しながら日夜、尽力する毎日が続いている。その具体策の一つが甘夏みかんを手軽に食べられるようにするために、あらかじめみかんの皮をむいてその内実だけを取り出し、カップに入れて売り出す「むきみ甘夏」の開発であった。

そんな中で甘夏みかん誕生の地・田浦町では、「田浦オレンジクラブ結成20周年記念式典」が盛大に開催され、辰ちゃんはその式典に臨み、その祝辞の中で甘夏みかん生産の更なる振興発展を願い、激励するのだった。日を置いて県事務所の支援のもと、その関係機関、団体の協議により「むきみ甘夏」の商品名が〝ばってん甘夏〟と決定する。更には甘夏みかんを〝むきみ〟にする機械の導入に向けた取り組みも関係機関、団体が一体となり、その試行錯誤を重ねながら完成に向けた努力がなされていた。

節序《せつじょ》の移り行きとともに、事務所の多岐にわたる事業は大過なく順調に進み、その年も暮れ、昭和六十四（１９８９）年を迎えた。恒例により一月四日に事務所の御用始めの式典が施行される。その後、辰ちゃんは新年あいさつの来訪者の対応や各種団体の新春懇談会に出席しては祝辞を述べる毎日が続く。

こうした中、一月七日に今上天皇（裕仁天皇）が崩御され、翌八日から平成の時代となる。

人の世の無常を知る激変の中であったが、平成の世に入っても事務所ではそれぞれの職員が司々《つかさつかさ》に応じて日常業務に尽力し、営々と職務に努力し、励む日々である。

辰ちゃんは「日本一づくり運動」に係るくだんのスタッフ会議で提案のあった事柄については、定期的に本庁で開催される県事務所長会議の中で報告し、その推進状況の説明をした。更に事柄として県政として取り組むべき事項については、その実現を図るべく県担当幹部に直接会い、その内容を説明し、その上で実現に向けて要望をしている。

その中には甘夏みかんの販路拡大に向けた提言もあった。

二月末になると管内の自然界は風物詩ともなっている黄橙色に色づいた甘夏みかんがたわわに実り、その収穫の時期である。

それではここらでちょっと一服して、辰ちゃんの〝こぼれ話〟に耳を傾けてみよう。

☺辰ちゃんの〝こぼれ話〟その（七）

辰ちゃんは管内巡回の途次、上述の日本一を誇る甘夏みかん畑の清麗な美景に陶然となる一方で、実り豊かな甘夏みかんが辰ちゃんに浩然の気を注ぎ与えてくれているかのようにも思えるのだった。そんなとき、辰ちゃんはその気迫に背中を押されるかのようにして、これからの芦北・水俣地域の農業振興に掛ける思いが次から次へと募ってくる。辰ちゃんはその思いを、普及所だより「あしきた」でこう語り記す。

（次ページに掲載）

以上のことから辰ちゃんの芦北・水俣農業振興への期待についてはよく理解できた。だがそのことは将来への期待として留めおき、ここではひとまず先に話を進めよう。

閑話休題

県事務所の支援のもと関係機関、団体とが一体となって進めてきた「むきみ甘夏」、商品名〝ばってん甘夏〟はその成果が上がり、次なる段階として芦北地方園芸連で甘夏みかんのむきみ機械を導入し、その試運転が開始された。

語る…

振興への期待!!

農家・関係機関団体とが一体となり　新たな視点と先見性をもとう

昭和天皇の崩御に心から哀悼の意をささげ、同時に皆さんとともに新天皇をお迎えして新たな決意と希望を持ってこれからの日々を過したいと思います。

　激動の「昭和」が終わり、国の内外にも天地にも平和が達成されるという意味がこめられている新元号「平成」が一月八日から施行されているところであります。

　この平成元年の幕開けも国の内外を問わず明るい希望の兆しはあるものの、先き行き不透明な時代にかわりはなく見通しのたてにくい時代であります。

　例えば外にあっては去る一月二十日に米国の第四十一代大統領になったブッシュ新大統領が日米関係をどう位置づけるか。又ソ連が積極的に進めているペレストロイカがどう展開していくのか。

　内にあっては東京に金融、情報、産業、文化、行政などの諸機能が過度に集中している現状を是正し、多極分散型の国土形成を目ざした第四次全国総合開発計画が所期の目的を達成することができるのか。又、四月一日から実施される新税制が将来の高齢化社会への対応も含めどう機能するのか。そして私たちに最も関心のある牛肉、オレンジを始めとする農業はどうなるのか。などなどであります。

　このように国の内外に問題は山積みしており、それ等に

泉田辰二郎県事務所長

平成に
芦北・水俣農業

どう見通しをたてて時代の先取りをするかが、いま最大の課題であると思います。

しかも新しい時代は一刻一刻確かに刻まれております。

このような中での芦北・水俣地域の農業の行方を確立することは極めて困難なことであります。

しかしながら私は概念的ではありますが、地域農業のあり方として次の二点を考えております。

第一は農業の政策面では当地方の生産条件に合った適地適作を目ざし、ハイテク農業の推進や経営規模の拡大を促進し産地化を確立すること。又、一方では情報化時代にふさわしい生産から流通にいたる高能率のシステムを確立して、内外の産地間競争に勝ち得る「足腰の強い高生産性農業づくり」を目ざすことであると思います。

第二は今こそ農家の方々が農業の現状認識のもとに、自立自興の精神〝やる気〟を高揚していただき、自らの創意・工夫と努力によって、より個性的で地域の特性を生かした地域からの農業振興運動を展開することにあると思います。

以上二点についてこれからの農業のあり方として、私の考えを述べてみましたが、その実施にあたっては山積みする今日的課題が多く、農家の皆さんは多くの選択肢の中からどれを選ぶか惑われることも多かろうと思います。

そのような場合の判断の仕方として、私の考えを二つほど参考までに述べさせてもらえば、一つには事柄を単一的に考えず、色々な条件や要因との関係において複合的に考えてみることも必要であろうと思います。

あの戦後私たちが毎日持って行った「日の丸弁当」方式から、今はやりの「幕の内弁当」方式にかえた創造が必要かと思います。

もう一つは、すべての人間の営みにおいて人と自然との調和こそが最後には勝るということを考えることではないでしょうか。

ピカソも「だれもが美術作品を理解したがる。だが、なぜ小鳥の歌を理解しようとしないのか」といっています。

見通しのたてにくい時代でありますが、農業は当地域の基幹産業であります。

今こそ、農家の皆さんと関係機関団体とが一体となり、新たな視点と先見性を持って農業を推進することが求められております。

そして、農家経営の安定は勿論でありますが、同時に西独の農村に見られる地域づくり「わが村を美しく」のようなアメニティづくりも平成時代の農業の大きな課題であると思います。

(3)

こうして甘夏みかんの販路拡大に向けて多少なりとも将来への希望の光が差し、その進展が見いだせるようになった矢先の三月に人事異動の内示があり、辰ちゃんは本庁の広報課長として転出することになった。

三月三十一日、辰ちゃんは全所員を前にして熊本県芦北事務所長の転任式に臨み、これまで二年間の職員の頑張り、ご苦労に感謝の誠を伝えてあいさつする。

その後、皆の見送りを受け、辰ちゃんは熊本県芦北事務所長として大過なくその任務が果たせたことにいささかの安堵を覚えると同時に、その一方では一抹のさみしさを感じながら本庁へと向かうのだった。

11　熊本県政の情報発信を担う広報課長に

辰ちゃんは平成元（1989）年四月一日付で熊本県広報課長になった。この広報課は辰ちゃんが十五年前に当時は広報外事課と言っていたが、六年間勤めていた課であり、辰ちゃんはその事務内容についてはあらかた承知していた。

では改めてその事務内容の大方を述べると〝県政全般にわたってその内容を第一義的には県民に、そして県外の人々にも周知する県政広報事業の展開。また、一方では県民をはじめ、県外の多くの人々からも県政に係る多様な意見を聞き、その内容を吟味して県政に反映させる公聴事業の推進〟である。

これら県政広報・公聴の任務に当たるのが広報課の役所《やくどころ》となっている。では次にこれらの業務の具体的手法について記述すれば、県政広報の手段としては主に県内外の新聞・テレビ・ラジオ放送各社などの県政担当の記者が県庁に常駐しており、まずはその記者による県政取材に基づき、それぞれ各社などの広報媒体を通して広く県政広報がなされている。広報課の中廊下を隔てた隣に県政記者室が配置されており、その室に各社の記者が常駐しているのだ。

この記者室の一隅には記者会見室が設けられており、広報課の手配により定例的に、あるいは臨時に各課の責任者がこの会見室に種々の県政ニュースを用意して訪れ、記者発表をしている。その各課の記者発表の都度、広報課は同席し、県政内容が広く県民などに伝わるように最善のおぜん立てに努めているのだ。

また、県政記者からは直接、県行政のトップである知事への取材申し込みも頻繁にあっており、その調整、段取りなども広報課が陣頭する。こうしたこともあって知事室、そして広報課並びに県政記者室は同じ県庁の五階にあった。

次なる県政広報としては、県政記者を介した県政広報、いわゆるパブリシティー活動とは別に、県政の時々の重要な課題について広報するため、県は地元新聞やテレビ・ラジオ放送局などの各社を中心に県政広報に関しての委託契約を結び、そのことで県政広報活動が適宜広報されるよう取り組んでいる。また、県政の重点的な内容を分かりやすく盛り込んだ広報誌〝県からのたより〟を定期的に発行し、直接県内の各家庭に配布している。

一方、広報課のもう一つの柱である公聴事業については時折、県民の一部をランダムサンプリングの手法を用いて抽出し、県政に関する諸課題の事柄について答えてもらう「県民意識調査」を実施している。その解答結果を得て内容を吟味し、報告書を作成する。その報告書を県庁各課に配布して適宜《てきぎ》な事柄については県政に極力、反映させるようにしている。また広報課の一角に県民相談室があり、その室で直接、県民からの意見や要望、更には心配事の相談などにも常時、応じているのだ。広報課はこの広報・公聴事業を車の両輪のごとく見立てて県政推進に役立たせている課である。

さて、広報課の業務内容については大方明らかになったところであるが、その通常業務と並行して広報課長として特に辰ちゃんが重点的に取り組んでいる事柄についてここで特筆しておこう。

知事の方針のもと、現熊本県政のめざす目標として「新しい田園文化の創造」が掲げられている。

広報課長になった辰ちゃんは、あらゆる機会を介してその県政の目指す熊本ならではの地域づくりのありようを広く県内外に情報発信し、熊本のよさ、魅力を伝えるために尽力しているのだ。このための手立てとして辰ちゃんは次の三つの方途をフルに活用して「新しい田園文化の創造」についての広報活動に励むのだった。

一、その道の大家で世論をリードする人物「キーマン」（例えば県と係わりの深い芸能人）に積極的にアプローチし、または県政広報を売り込み、その人から機会あるごとに熊本県政のありようを県内外の人々に語ってもらうのだ。

このために世間の名だたる「キーマン」を県庁をはじめとして各所に招待し、県政懇談会等も開催している。

一、パブリシティー（無料での公共広報）活動の積極的展開を図る。県政記者室の記者をはじめとした県内外の報道関係者に対して県政の目標等を適宜語り伝え、あるいは書き記したメモを提供して、常時パブリシティー活動を推進する。

一、オピニオンリーダー（世論形成に指導的な役割を果たす人：例えば全国的に知名度の高い評論家）に対して県政目標をはじめとした重要な県政情報を伝え、説明する場の設定に心掛け、また県政情報を掲載した広報誌などを提供してその内容について意見を聞き、その上であらゆる機会を通して県政広報を支援、またピーアール（ＰＲ）

してもらうよう働きかける。

こうして辰ちゃんは広報課長として通常の広報・公聴事業に専念する傍らで、県が目標とする「新しい田園文化の創造」に向けた取り組みにも尽力する毎日が続いてゆく。

それではここらで一休みして辰ちゃんの〝こぼれ話〟に花を咲かせてみよう。

☺辰ちゃんの〝こぼれ話〟その（一）

一日の務めが終わった辰ちゃんには、ときとして県内外の報道記者との酒場での懇談が待っている夜も多い。あるときは一人の記者と、またあるときは数人の記者仲間との懇談である。その杯を交わす中で県政情報の話に花を咲かせ、パブリシティー活動に励む辰ちゃんがいた。このため辰ちゃんのポケットマネーが底をつき、妻からお叱《しか》りを受けることも多い。

でも辰ちゃんは、これも役所勤めの一環だと思い、酒場での記者との懇談の機会を設けては笑顔で会話に興ずるのだった。

☺辰ちゃんの〝こぼれ話〟その（二）

季節はゆく川の流れのように移り行き、初秋を迎えていた。そんなある日、辰ちゃんにある特別な出来事が舞い込んで来た。

海外出張である。上司の差配のもと、辰ちゃんは自治省の外郭団体「㈶地域活性化センター」の呼び掛けで、九月三十日から十五日間の日程で英国、フランス、西ドイツ、イタリア、オーストリアの五カ国を訪問し、欧州の地方自治体での広報活動の実態を調査することになった。

参加者は全国の自治体や民間企業の主として広報担当者で、総勢二十二人である。飛行機で日本を出国した一行は予め《あらかじ》計画された日程に従い、目的地の各国に到着し、訪問先の各国地方自治体へと向かう。その各国における地方自治体の訪問調査では、呼び掛け人である「地域活性化センター」の同行職員が辰ちゃんたち調査団をスケジュールにのっとり、各国地方自治体の広報担当部署へと案内する。

こうして欧州の地方自治体での広報活動に係る訪問調査が始まった。その訪問先の各国の地方自治体では新しいマスメディアを活用した広報、あるいは官民一体となった広報活動が積極的に展開されていた。

例えば、〝フランスのリール市では、市長のモーロア（元仏首相）氏の強力なリーダーシップのもと、ビデオテックスなどニューメディアを活用した行政広報が行われていた。

英国のレスター市では市の広報誌に民間広告を載せたり、民間のＣＡＴＶに市が予算を出すなどして、官民一体となった自治体広報活動が活発になされている〟

その外にも訪問先の各自治体では盛りだくさんの先駆的な自治体広報がなされており、その具体的手法等について一行は熱心に学ぶのだった。こうした調査、研修内容は、辰ちゃんをはじめ、参加者全員にこれからの地方自治体広報の在り方をめぐって大きなインパクトを与えることとなった。

かような今回の調査研修の成果とは別に、初めて海外訪問をした辰ちゃんにとって、特に強く印象に残った事柄があった。それは各都市での悠久の歴史をつづる文化遺産群の蓄積である。そこにはゴシック建築の教会、バロック建築の宮殿、そして公共施設だけでなく民間の建物にも、その当時の時代、時代を代表する建造物の文化遺産が残されている。この輝かしい文化遺産が当該地域づくりにおいてもきわめて大きなインパクトを与え、その役割を果たしていることを自覚する辰ちゃんであった。

そのとき辰ちゃんは考えた。熊本にはこれほどの文化遺産はないが、この欧州に勝るとも劣らない美しい自然がある。その自然を保護、活用して熊本がめざす「新しい田園文化の創造」を興すのだ。欧州各国を訪ねてその必要性を痛感する辰ちゃんである。

かくして辰ちゃんは帰国の途についた飛行機の中で、今回の欧州出張で得た貴重な体験や知識をもとに、帰国後はその事柄をフルに生かし、行政広報を通して熊本の地域づくりに大いに貢献しようとの思いを新たにするのだった。

閑話休題

欧州出張から帰国した辰ちゃんは、新たな知識も加わったその上で、広報、公聴の重荷を担って広報課長の責務を全うすべく努力の毎日が続いてゆく。

季節は巡り、平成二（１９９０）年の新春を迎えた。広報課職員は辰ちゃんを先頭に打って一丸となって県政の広報、公聴に尽力する日々が続く。正月が過ぎ、桜の花咲く四月になる。広報課長になって二年目に入った辰ちゃんは、県政広報、公聴事業に励む中でその知識内容、そして事業の進め方の成熟度も増してゆく。それでも県政記者数十人を相手にした辰ちゃんの県政広報の仕事は、ひとときの心のゆとりもなく、毎日が緊張の連続である。

それではここらで一休みして、皆がアッと驚いた辰ちゃんの〝こぼれ話〟を紹介しておこう。

☺辰ちゃんの〝こぼれ話〟その㈢

それは九月に入り、熊本の暑かった夏もようやく峠を越えるころのことであった。ここに〝青天の霹靂《へきれき》〟ともいうべき事が県庁内外に伝わったのだ。

と言うのは来年二月に予定されている知事選を前にして、現在二期目の知事は当然その三期目の知事選に出馬するものと目されていた。ところがその知事が三選には不出馬の意向を表明されたのだ。その驚きの当日のことをかいつまんで書き下ろせば、閉庁間近い午後四時五十分に県庁幹部から成る庁議が開かれた。庁議はいつもは朝の早い時間帯に開催されており、この開催に辰ちゃんは戸惑いを感じる。その席上で知事は驚きの三選不出馬の決意を述べられたのだ。

その後、知事から辰ちゃんに、

「午後五時半から知事の臨時記者会見をしたい。ついては早急に県政記者に連絡を取り、その上で記者会見の諸準備設定を手配してほしい」との指示があった。

急ぎ課に戻った辰ちゃんは、広報課の職員を総動員して、取材等のため外出していて、記者室に不在の多くの人も含めて各県政記者との連絡を取り急ぐ。

こうして急きょ県政記者には知事室に参集してもらい、記者を前にしての知事の記者会見が開かれた。その席上で知事は来年二月の県知事選には立候補しない旨の意向を示し、その理由が述べられた。その知事の決意が伝わると一瞬、記者一同に驚きの声が上がった。唐突な知事からの決意報告で記者自身が何の予測もない上での記者会見に記者の戸惑いもあり、また夕刻の記者会見であり、この重大な記事の取り扱いを急ぐことが求められたのであろうか、その知事臨時記者会見は記者からの質問もあまりなく、半時間程度で終了した。こうしてとにもかくにも突然の知事の臨時記者会見は無事に済んだ。

そこには誰一人いなくなった知事室の一隅で一息の安堵《あんど》を覚える辰ちゃんの姿があった。

なお、この知事記者会見の内容については当日の夜のテレビニュースなどで大きく報道され、また翌日の地元新聞などでは第一面に広くその記事が掲載されていた。このニュースを前にして知事の三選不出馬は県内政財界をはじめとした県民に衝撃が走り、一様に「なぜだ」という驚きの声が上がった。

閑話休題

知事の三選不出馬意向表明の後、各政党などを中心に知事後継候補者の人選が急ぎ始まってゆく。その中では直前の知事選を控えて県政界同様、県庁内にも緊張した雰囲気が漂っていた。

歳が暮れ、平成三（１９９１）年の新年を迎えた。県内は一段と知事選（二月実施の予定が一月下旬に繰り上る）を前にしての緊迫した情勢が続く。

かくして一月下旬に知事選があり、晴れて新知事の誕生となった。県庁では早速、現知事の退任記者会見があり、日を追って今度は新知事の記者会見と続いてゆく。

こうした県政激動、激変の中で記者対応に追い立てられる広報課長の辰ちゃんには、毎日が苦労の連続で心の休まる暇も無い。このこともあって辰ちゃんは胃痛に悩まされ、また歯の痛みに堪えかねてその治療に通う日常である。

月日は進み、平成三（１９９１）年四月、新年度が始まった。辰ちゃんは一月の選挙で誕生した新知事の新たな県政運営方針のもと、幾辛酸を乗り越えて県政広報・公聴の職務遂行に全力投球する毎日である。

それではここらでちょっと一服して日常生活での辰ちゃんの〝こぼれ話〟を垣間見てみよう。

☺辰ちゃんの〝こぼれ話〟その㈣

新知事の新たな県政目標実現に向けて、広報課長としての重責を担い、その広報・公聴に励む多忙な辰ちゃんの毎日である。

辰ちゃんはそのような境遇であることも配慮して日課となっている早朝の坪井川堤防のジョギングで汗を流し、また休日などを利用して住居の近くにある「吟剣詩舞道の道場」に通い、詩吟や剣舞の練習に励んで気晴らしをしては元気を取り戻し、楽しくそして充実した毎日を送るよすがともしている。また、そこには家族の辰ちゃんに対する深い愛情の支えがあった。

閑話休題

こうした中で歳序は怱々《そうそう》として移り行き、平成三年が暮れ、平成四（1992）年の新年を迎えた。

それではここで辰ちゃん一家の正月行事の一端も〝こぼれ話〟としてのぞき見てみよう。

☺辰ちゃんの〝こぼれ話〟その（五）

今日は恭賀新年のめでたい元旦である。辰ちゃんは庭に降り立つと、東の阿蘇山上に輝く祥光《しょうこう》に手を合わせ、今年一年の世界平和と家族の健康と幸せを願い頭《こうべ》を下げた。ときに辰ちゃん五十一歳の働き盛りの新春である。

家では妻が八十歳を超えて元気に過ごす義母からの手習いを受け、切々と正月行事に取り組んでいる。熊本市の清浄な地下水で賄われている水道から若水を汲み、その若水を神棚、仏壇にお供えする。その後、家族全員が食卓を囲み正座し、正月のあいさつを交わす。その上で、かの若水で沸かしたばかりのお茶に小梅を入れて福茶を飲む。これがわが家での今年一年の家族の健康と幸せを願う福茶の一啜《いっせつ》である。

閑話休題

一月四日、県庁では寒風の吹く中、庁舎前の中庭で職員を前にしての知事の年頭あいさつがあった。それが済むと知事室で広報課の諸手配のもと、知事の年頭記者会見が粛々《しゅくしゅく》と進められてゆく。

こうして広報課をはじめ、県庁各課の通常業務が始まり、辰ちゃんは広報課長としての責任を果たすべく尽力する多忙な毎日が続いてゆく。辰ちゃんの多忙な毎日を尻目に、自然界は冬の名残に揺れながらも春の誘いを受けて〝山笑う〟季節へと一歩一歩進みゆく。それではここで気休めに窓外の自然界の様子などを興味津々たる思いでのぞいてみよう。

☺辰ちゃんの〝こぼれ話〟その（六）

季節はくだんの通り歳序に従い春へと向かっている。日を追って寒い時季と暖かい時季が一進一退を繰り広げる三寒四温の中で、生きとし生けるものすべてが春を待つ。

そんな中、梅の花が咲き、その枝先には「春告鳥《はるつげどり》」の異名を持つウグイスのいまだ、ぎこちない初音の声が聞こえてくる。やがて草木が芽吹き、土中で冬眠していた虫たちが春雷で目覚めて巣穴からはい出してくる。かくして桃の花が咲き始める。

日は移り春分の日、春の彼岸の中日を迎えた。その休日を利用して辰ちゃんは遠く離れた片田舎の故郷に妻と一緒に里帰りし、先祖のお墓参りをする。お参りが済み、二人は安らかな気持ちを胸に暖かい春風を受けてお墓の囲りの萌え出た若草を踏んで、しばし身をゆだねる。そこには春を見つけた喜びに満ちあふれる辰ちゃん夫妻の笑顔があった。

閑話休題

月日を経て、桜の蕾がふくらむ新年度を間近に控えた三月下旬、県庁では恒例の人事異動の内示時期を迎えていた。その人事異動の内示で、辰ちゃんは三年間務めた広報課長の任務を終え、環境総務課へと異動することになった。

※『追記』

辰ちゃんは広報課長として三年目を迎えるとその職務にも精通し、その重責に自信と誇りさえも持つようになっていた。

そこで課職員の融和と仕事への活力を育むため〝課内情報誌〟を作成し、課職員に配布することにした。その情報誌には課職員の日頃の悩みや楽しみ、そしてユニークな話題などが津々たる興味のもと掲載されてゆく。

その情報誌の巻頭を飾るエッセーを辰ちゃんは腕を奮って書き下ろしてゆくのだった。その情報誌の名称は〝たっちゃんクラブ〟の愛称で課職員に親しまれた。それを読むことで多忙な課員皆がひとときの心の安らぎ、そして笑顔を取り戻し、仕事への励みの一助ともなるのだった。

それでは広報課課内情報誌〝たっちゃんクラブ〟の巻頭言を順次掲載することにしよう。

広報課課内情報誌〝たっちゃんクラブ〟巻頭言から

其の一 (平成三年六月号)

忙中閑あり―自然と共に

日曜日の朝6時、坪井川の堤防を歩くようにジョギングしながら登っていく。右手には、釈迦の涅槃像を思わせるような立田山の山頂を離れた初夏の太陽がまぶしく輝いている。アスファルトに慣れた足の裏は、一歩一歩、久しぶりの大地に接し、母の乳房に触れたときのような安堵を感じている。沿道には紫、ピンク、黄と色とりどりの草花が競いあって、飛び交う蝶や蜜蜂を誘っている。

河川工事で汚れた水が流れるなかで、あちこちからコイであろうかフナであろうか、川岸の浮き草と戯れては跳びはねている。その尾ビレをむき出しにした姿は、「頭かくして尻隠さず」にしていた子供の頃のかくれんぼを思い出させる。

昭和62年12月に、建設省の「ふるさとの川モデル河川」に指定されたこの坪井川は、「水と緑の都」をめざす熊本市の一大プロジェクトとして整備が進められている。特に、坪井から清水町に至る約2㎞の河川周辺の広大な遊水地は、都市部の貴重なアメニティー空間の形成に向けて、その推進が図られている。

工事が点々と進められているなかで、素掘りの池も点々と出来ており、その水面を清風を受けてツバメが飛び交い、3羽のアヒルがようやく眠りから覚め、大きく羽ばたいている。

「おはようございます」。黒髪をなびかせながら走る元気な少女の声が耳を打った。「おはよう」とオーム返しに答え、我に返ったとき、もうそこは折り返しの地点であった。すでに汗は全身を包み、ほとばしる汗が眼鏡のレンズを曇らせている。

下流に向かって再び走り出す。その景色も一変する。今度は右手に金峰山がそびえ、正面には小さく熊本城が見える。そのパノラマのなかで楠をはじめとする木々の若葉が萌え、人と自然の融和する優しいまちの息吹が感じられる。

○○――――○○――――○○――――○○――――○○――――

彼は考える。この緑豊かなふるさと熊本はこれからいったいどうなり、またどうすれば活力、個性、潤いのある豊かな地域になるのであろうか。人間の幸せを求めた地域づくりの情報が、マスメディアを通して毎日のように全国、そして世界から伝わってくる。そして、その問うところは開発か自然保護か、につながっているように思える。どちらを選択するか、いや、文化的で豊かな生活のためには、その調和が求められるのか。そのためのデザインをどう描くか。古くて新しい問題である。そしてデザインを描くためのキーワードはそれぞれの事柄をどう「適正に判断」するかにかかっていると思う。

ところで、人は人間生活を通し事柄の大小は別にして、常に何らかの判断にせまられながら、幸せを希求して日々を過ごしている。行政サービスを実施するにあたってもこの「判断」は極めて重要であり、山積みする今日的課題が数多くある中で、多くの選択肢の中からどれを選ぶかは、その後の結果とも関連し、きわめて大切なことである。

汗をふきふき、彼は、そのような場合の判断の仕方として次のような二つを考えた。

一つは、野に咲く花一つを取ってみてそれを観察するとき、見方によっていろいろとその本質が変わってくることからしても、事柄を単一的に考えず、いろいろな条件や要因との関係において複合的に考えなければならないのではないか。あの戦後、彼が毎日持って行った「日の丸」弁当方式から、今はやりの「幕の内」弁当方式に変えた見方が必要ではないかと。
もう一つは、この大地に立って自然との触れ合いを感じるとき、すべての人間の営みにおいて、人と自然の調和こそが最後には勝るということを基本にすべきではないか。ピカソも「誰もが美術作品を理解したがる。だが、なぜ小鳥の歌声を理解しようとしないのか」と言っていたのを思い出した。

太陽はさらに天中に向かって昇り、ようやく街は眠りからさめその喧噪が近づいてきた。
そして、そこは終着点であった
彼は顔を流れる大粒の汗をシャツのそでぬぐいながら、毎日の管理社会の中での忙しい日々から離れ、しばし自然のふところにいだかれたことで、少しばかりの心の安らぎと胸のときめきを感じていた。

其の二

（平成三年七月号）
2500年前の広報
―悠久の歴史をたどって―

彼は一年前、井上靖著『孔子』を読み、久々の感動を覚えたことがあった。それは、孔子の詞《ことば》である「近者説、遠者来」（近き者説《よろこ》び、遠き者来たる）という、たったの六文字であるが素晴らしい政治論に出合ったからである。

孔子は紀元前551年に生まれているから、今から約2500年前の人であり、中国の歴史の上では春秋時代、つまり乱世中の乱世に生まれ、黄河中流域を点々としながら、人間の生き方を教えた人である。その孔子が楚国に滞在中、楚国の大官である葉公という人から、「自分はよりよい政治をめざして努めているつもりであるが、政治の眼目・要諦を一言でいうと何であろうか」と訊ねられた。すると、子曰く、「近き者説《よろこ》び、遠き者来たる」と答えた、という。即ち、近い者が喜び懐《なつ》き、その噂を聞いて遠くの者が自然にやってくる、そのような政治ができたら、それが一番いいのではないでしょうか、という意味の答えであった。

この孔子の理想とする政治の在り方に接して彼は〝ウーム〟とその洞察力の深さに改めて感じ入ってしまった。

○○――――○○――――○○――――○○――――○○――――

彼は考える。このことを県政にあてはめてみると、県政のめざすところは、県民がここでの生活に喜びを感じ、自らも県政に参加した県政がなされ、そして、その活力に満ちた県の勢い、活動力の噂を聞いて県外から多くの人々や企業がやってくるような県政のスタンスであろうと。こう見てくると、悠久の歴史を経た今日の政治においてもその要点は生きており、「人の教師」であった孔子の偉大さをまざまざと感じたところである。

ところで話はぐっと身近になるが、彼は県政広報の役割として大きく二つあると考える。一つは、県民総参加の県政が推進されるように、県政の内容を十分県民に知ってもらい、また、県民の意見を聞き、県政に反映させるため県民と行政のパイプ役としての役割、もう一つは、全国・全世界に向けて熊本のよさを情報発信し、熊本のイメージアップを図ること、そうすることで自然に人や企業が集まり、活力に満ちた熊本の実現につながるからである。

孔子は楚国の大官に理想とする政治について答えたが、その答えを聞き楚国の大官はその具現化めざして、楚国民に対して、あるいは楚国外の人々に向けて、どのようなお知らせをし、また、そのために何を用いたであろうか。良書『孔子』にはその答えは見当たらない。ただ楚国の人々は当時、生き生きとした生活をし、楚国に誇りをもっていたという。

彼は考える。人が誇りを持つことは自分が他人から評価され、認められ頼りにされたとき感じる社会的な事柄であると。

当時、楚国民が生きる喜びを感じ誇りを持っていたということは、優れた政治が行われており、また、その政治理念が楚国の内外の人々に対して、十分に知らされていたからであろう。

熊本県においても県民と一体となった県政がなされ、また、熊本のイメージアップを図るため県外に向けて熊本のよさが常時情報発信されることで、全国・全世界から評価され、このことで県民一人一人が熊本に誇りを持つことができたら実に素晴らしいことであると思う。

幸い、平成3年度広報戦略の基本方針として「県民とのコンセンサスづくり」「心から誇れる熊本のイメージの確立」を掲げている。この方針決定に際しては、広報課の課員が今年度の県政広報の在り方について、昼夜激論の末に決めたものである。

これからの自治体広報のめざすものとして2500年の歴史の風雪に耐えうるものではないにしても、21世紀をめざした自治体広報の眼目・要諦であると確信している。

果たして、孔子は何と答えるであろうか。

其の三

（平成三年八月号）

シリーズ〝自然と語ろう〟（上）
コイも喜ぶ「笑い」の多幸

十数年前、彼は広報課（当時は広報外事課といっていたが）で、県政テレビ・ラジオ番組の担当をしていた。当時、毎週20分の県政テレビ番組としてRKKの「県民ひろば」とTKUの「県民サロン」の二本を放送していた。

毎日が取材に追われる日々であったが、その中で、確か「県民サロン」の番組であったと思うが、今と同じ盛夏の頃、高齢者の長寿の秘訣を探ろうということで、水前寺成趣園の「水飲み会」の取材をしたことがあった。水前寺成趣園を境内とする出水神社には神社の手水舎の近くに神水「長寿の水」が湧き出ている。

早朝、隣近所から集まった数十人の老人たちが、その神水である清澄湧水を備え付けてあるひしゃくで一気に飲み干すと、輪になって天に向かって大声で笑うのである。老人たちの腹の底からの高らかな笑い声が10分間も続いたであろうか、顔の血色も良くなり、実に楽しそうであった。思わず一緒になって笑っている自分に気付き、こらえきれずまた、笑い出してしまった。老人たちは、こぞってインタビューの質問に、

「この笑いこそが長生きの秘訣です」と答えていた。

　体に良いことは即実行だ、ということで、翌日から早速、彼は住居の近くを流れる坪井川べりでの早朝ジョギング途次での「笑い」を始めたのだった。坪井川は、今、遊水地を含めて「ふるさとの川モデル河川」事業でその整備が進められているが、その約56ヘクタールの遊水地のほぼ中央に、坪井堰、通称ドンド堰がある。彼は毎朝、その堰に降り、水際に立ち大声を出して笑うのである。大声を出して笑うことで毎日の体調も良くなり、ストレス解消にもなり壮快な気分で一日の始まりを迎えることができた。

　夏が過ぎ、晩秋の頃、澄み渡った空に雁が隊列を組んでやってくる。彼の丹田（注）からの笑いが届いたのであろうか、しばし雁の隊列が崩れることを何度も見ることができた。そして、春になると、堰の淵に住むコイやフナが、笑いの声紋が水面をたたくのであろうか、笑いとともに大きく飛びはね始めたのである。このようにして彼は、早朝のひとときを、笑いを通して小鳥に語りかけ、コイやフナと戯れ、自然との語らいの中で、しばし楽しんだものである。

　ところが、である。

　ある朝、いつものようにジョギングをしながらの途次ドンド堰に行くと、驚いたことにそこには何やら馬糞紙で作った立て札が立っているではないか。そして、その立て札には、次のように書かれていた。

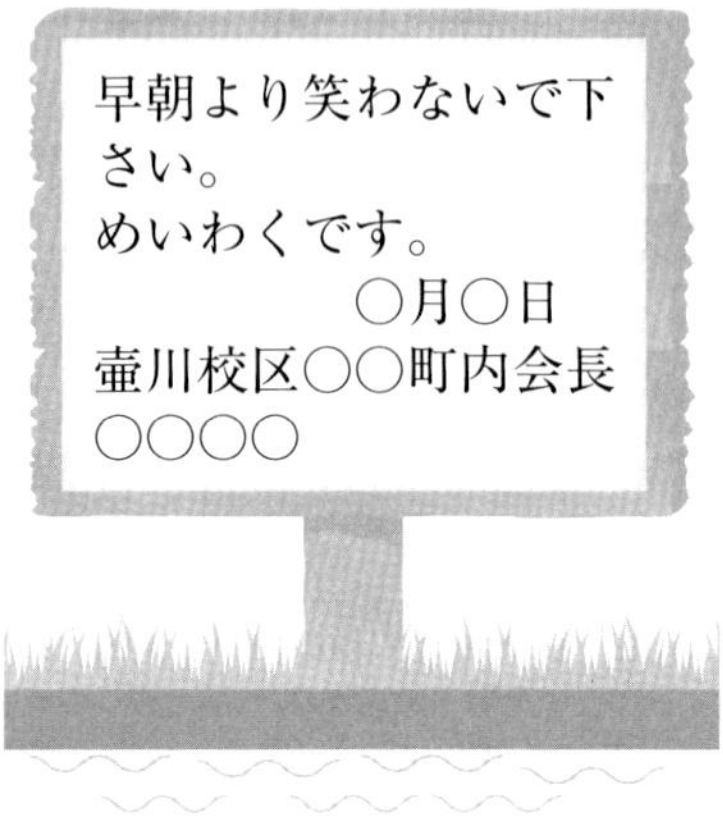
早朝より笑わないで下さい。
めいわくです。
○月○日
壷川校区○○町内会長
○○○○

（注）丹田《たんでん》　へその下の下腹部に当たるところ。ここに力を入れると健康と勇気を得るといわれる。

なるほどこの立て札は自分に対してのものだなあ、とわかって、二度びっくりしてしまった。

そこで、彼は考えた。笑うことがだめなら歌おうじゃないかと。それからいつものように水際に立ち、彼は、彼の当時のたった一つの持ち歌であった「人生劇場」を声高らかに歌ったのである。すると、それでもコイやフナはいつものように元気に飛びはね出した。やれやれと思い、早朝の空気を胸いっぱいに浴びながら帰路についた。

翌朝、小鳥のさえずりで目をさまし、さあ今日も一曲歌ってくるかと出かけた。

ところが、である。
ドンド堰には、また別の立て札が立っているではないか。そして、そこには、

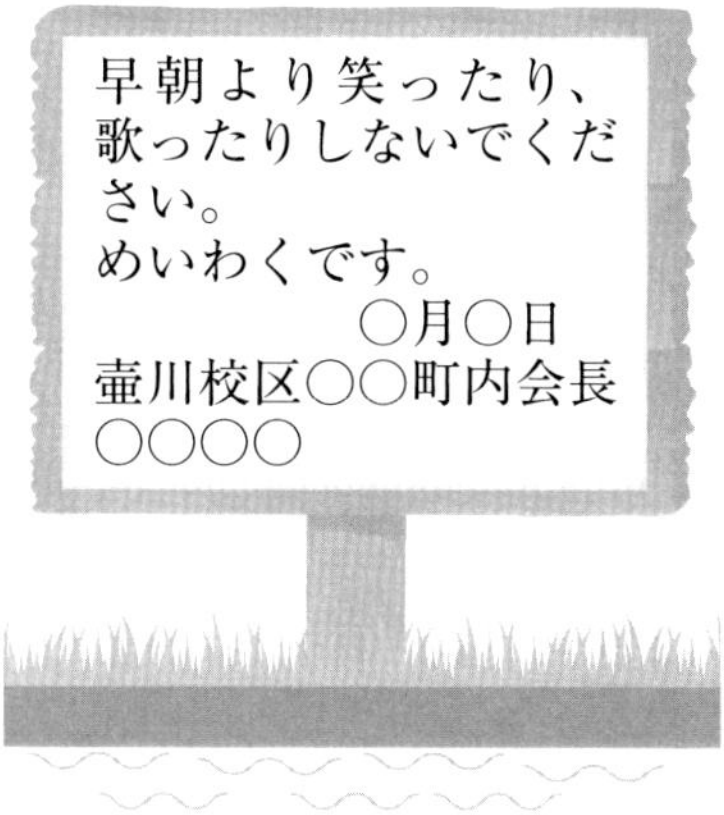
早朝より笑ったり、
歌ったりしないでくだ
さい。
めいわくです。
○月○日
壷川校区○○町内会長
○○○○

と書かれていた。
それは、彼への最後通告であった。

………………

あれから十数年が経つが、時々あのときのコイやフナはどうしているだろうかと思うにつけても、自然との語らいで胸をトキメかせた当時が今も懐かしい。

其の四（平成三年九月号）

シリーズ〝自然と語ろう〟（中）
吟詠

今も26秒に一人の割合でこの日本のどこかで人間の生命が誕生している。人はこの世に生を受けたとき、両手をしっかりと握りしめ、顔を真っ赤にして、全身から呱呱(注)の声を出す。この元気印の産声を聞き、母親は我が子を無事に出産できたことにほっと安堵を覚え、また、この子の母になった喜びを大いに感じることであろう。そして、ここから母と子の愛情あふれる対話が始まるのである。こう考えた彼はふと日ごろ趣味として練習している詩吟のことが思い出されてきた。

彼は吟詠が詩情を心に持ち、全身からの声を発することであると思えば、この母と子を結ぶ絆である産声に詩情を入れたものが吟詠ではなかろうかと空想する。そうであれば、人は皆、誰から習うでもなく、この世に生を受けたその時に吟詠の手法を身に付けたことになる。

え！　それ本当なの？

ところで、彼が吟詠を始めたのは、同志社大学の吟詠クラブに入り、京都の御所の一隅で詩をひもとき吟じた時からで、かれこれ30年以上も前である。以来、一時の中断は多々あったが、どうにか今日まで続いている。今、県庁にも「熊本県職員吟詠同好会」があり、OBも含めて、百名近くの会員がおり、彼は3年前からその会長として、春秋年2回の大会を開き、会員の吟詠の発表や懇親会のお世話をしている。今年の秋季吟詠大会は少し趣向を凝らし、熊本市の愛好会と合同で山鹿市の八千代座で開催することで準備を進めているところである。

会員は、日々の練習を通じて丹田からの声を出すことで気宇壮大な気分を味わい、そのことで若々しく健康そのものである。吟詠は、腹から声を出すことで健康づくりに大いに役立つが、その他にもう一つの良さがある。

それは、温故知新という言葉もあるが吟詠を通じて、いにしえの人の自然との語らいや人生についての考え方を知ることができる喜びである。人は詩を読み、そこに感動を覚えるが、それを吟ずることでさらにその詩の持つ深み、つまりその背景や作者の意図することを確かなものとして理解することができる。

特に花鳥風月を愛でる詩を吟じ、作者の心を我が心として自然との語らいをするとき、管理社会の中で見失われている多くのことを垣間見ることができるのだ。

国の内外を問わず、これまでのように実利や効率性だけを求めるのではなく、創造性や美的な感性、さらには優しさといったことにも大きな価値を見いだす社会へと、その変革が急がれている今日、吟詠に限ったことではないが、人それぞれのやり方で、例えば自然との語らいを通して前述の多くのことを学び悟ることは、極めて大切なことではなかろうかと思うのだ。

そして、その人間の母なる自然との語らいは、これからの新しい人間社会を築くうえでその人にとっての、かの確かな産声ともなるのではなかろうかと。彼の想像は高秋の青空へと駆けてゆく。

（注）呱呱《ここ》　乳呑子の泣き声

其の五

（平成三年十月号）

シリーズ　自然と語ろう（下）

もしも、赤毛のアンが広報ウーマンであったら

馬車は、ちょうどりんごの並木道にかかっていました。雪のような白い花が、ふんわりあたまの上にトンネルをつくっています。

女の子はうっとりと、とおくをみるようなまなざしで花をみあげました。だまりこんで、ぼんやりしています。

「つかれたのかね？」

「ううん、いまのとこ、なんていうの？」

「並木道さ、きれいだろう？」

「きれいどこじゃないわ！　かんげきしてむねがいたんでます。そうだ、並木道なんてありふれている。そうねえ……『よろこびの白い路』、これからはこうよぶわ。あたしね、なんにでも、すてきななまえをつけることにしてるの。あら、あのきらきらしている池、すてき。え、バーリーの池？　そんなのだめよ。まって、あれは……『かがやく湖水』、どう、ぴったりでしょ？　ぴったりのなまえをおもいつくとね、せなかがぞくぞくってするの。あっ、いまたしかにぞくってしたわ！」

馬車はまたひとつ、おかをのぼりました。


……


皆さんもよく知っている「赤毛のアン」の一節である。アンはこのようにいつも自然に語りかけ、愛情深い、想像力豊かな、魅力的な少女に育っていく……。

さて、シリーズ「自然と語ろう」もいよいよ大詰めを迎えたが、パートⅠの（上）では、人と自然との語らいが人生を大いに楽しくすることを述べ、パートⅡの（中）ではこれからの新しい人間社会を築くうえで、自然との語らいがいかに大切であるかを述べた。

パートⅢの（下）ではそのしめくくりとして、県政広報公聴と自然との係わりについて述べてみたいと思う。

県政広報公聴の基本はいうまでもなく、県政内容を十分県民に伝え、またその中で県民の意見を聞き、それを県政に反映させて県民と一体となった県政運営を図ることである。

だが、それだけでいいのだろうか、と彼は思うのである。

私たち広報マンは県民に語りかけ、それを県政に反映させるように、自然にも優しく語りかけ、その中から忘れかけている多くのものを学び、それを県政に反映させることも非常に大切であるように思えるのである。

以下１～２例示してみよう。

今、世界的に私たちの未来を左右する人類史的重要な問題が提起されている。それは地球温暖化問題であり、大気汚染、森林破壊、海洋汚染、生物学的多様性などで地球の環境をとりまく諸問題である。

こうした問題に私たちはどう対応すればよいのであろうか。百姓の神様と言われた松田喜一翁の言葉に「稲のことは稲から学べ」という教えがある。そうであれば私たち広報マンは自然にもっと語りかけ、自然から多くのことを学び、県政に反映させるパイプ役にもならなければならないと思う。

また、つい最近、台風19号が県内を猛烈な暴風雨に巻き込んで通過した。そして、家屋に、農作物にと多大な被害をもたらしている。

私たちは、このような台風に物心両面での十分な備えができていたであろうか。ある面では、自然の偉大さを忘れ、自然を畏敬する心を見失っていたことが、このように甚大な被害を被った原因の一つではなかったのか。

私たち広報マンは、今こそ率先して、自然に語りかけ、自然から真実を学ぶ時ではないか。幼き頃、一輪の朝顔に心をうばわれ、また夕暮れ時、赤とんぼの優雅な舞の中にしばし自然との共感を得たときがあった。そうした純なる目で自然に接し、語りかけることで自然との対話が始まるであろう。あのアンがやっていたように。

もしも、赤毛のアンが広報ウーマンであったら、県民の声をよく聞き理解し、その上で県政に役立たせるのと同じように自然に語りかけ、多くを学び、それを県政に反映させるパイプ役に徹し、そのことで明るい豊かな郷土づくりに情熱を燃やすことであろう、と彼は思うのである。

其の六（平成三年十一月号）

熊本の宝　～水～

水の本質を示し、人生訓ともなっているものに、黒田如水の作といわれている「水五則」がある。

一、自ら活動して他を動かしむるは水なり
一、常に己の進路を求めて止まざるは水なり
一、障害にあい激しくその勢力を百倍し得るは水なり
一、自ら潔うして他の汚れを洗い、清濁併せ容るるの量あるは水なり
一、洋々として大洋を充し、発しては蒸気となり雲となり雨となり雪と変じ、霰と化し、凝っては玲瓏《れいろう》たる鏡となり、しかも其性《そのせい》を失わざるは水なり

この「水五則」は、彼が河川課の管理係長をしていたとき、常に心していたことである。

地表の7割を占め、生物誕生の元となった水の性質をよく表していると同時に、人

生の道しるべを諭してもいるようである。

ところで、「県水資源対策室」発行の「くまもとの水」を読んだ。その序文にはこう書いてある。

「うまかー。やっぱ、熊本の水ばい。」

知ってる?
熊本の水は日本一おいしいんだって
美しい自然からおいしい水が生まれ
その水が私たちを育ててくれる。
いのち、そして文明の源、水。
もっともっと、よく知りたいね
ふるさとの水のこと
くまもとの水のこと

環境庁の全国「名水百選」に四つもの水源が選ばれたのは、富山県と熊本県だけで

ある。熊本県の宝であるこの水資源の現状やその対策がこの本にはわかりやすく示してある。また、それは「水五則」の解説書であり、熊本版にもなっている。そして、この本は熊本の宝物である水と県民とのかかわりについてこう結んでいる。

「わたしたちは、時代の変化につれて、水に親しむ機会が少なくなってきました。これからは、水にふれ、水と遊ぶ機会をふやしていきたいものです。そして、水を大切にし、水を守るために努力して、この命の水、とくに、熊本の豊かでおいしい水を、いつまでもきれいなすがたで伝えていくのが、わたしたちの努めだと思います。」

そのとおりであり、水環境が大きく変わりつつある現在、私たち一人一人が水の本質を知り、緊褌《きんこん》一番の思いでその対策にあたることが求められている。知事はよく座右の銘として「心水の如し」と書かれる。この水も日本一の清らかで美しい熊本の水、そして「水五則」にある優しく、そして力強い水を思い浮かべて書かれておられるのであろう、と彼は思うのである。

其の七　（平成三年十二月号）

熊本の宝　～緑～

彼は一昨年、自治省の外郭団体である「㈶地域活性化センター」の呼びかけにより、ヨーロッパ五カ国の調査研修に参加した。

期間は9月30日から10月14日までの15日間で、訪問先はベニス、ウィーン、ニュールンベルグ、リールそして、レスターの各都市であり、その目的とするところは、欧州の各地方自治体における住民などへの広報活動の実態について調査することにあった。

参加メンバーは各県・市町及び民間の主として広報部門の担当者からなる22名である。

訪問先のヨーロッパの各都市では21世紀に向けての地域づくりが行われていたが、それを進めるうえでの行政広報の重要性は、全ての都市が認めるところであり、各メディアを通じての広報、また報道記者に対するパブリシティー活動の展開などは、日本と同じく積極的になされており、そのことで市民総参加の行政、そして、それぞれの都市のユニークな地域づくりを国の内外に発信し、イメージアップする努力が精力的になされていた。

ところで、将来を見通しての地域づくりが進められているヨーロッパの各都市で、彼が今回の訪問先で広報活動の調査研修とは別に一番強く印象づけられたのは、悠久の歴史を綴る文化遺跡の蓄積であった。訪問先のヨーロッパ各都市のいたるところに、ゴシック様式の教会があり、またバロック時代の宮殿があり、公共施設はもちろんのこと、民間の建物にもいろいろな工夫をこらしたデザインがなされているなど、その時代時代の最先端の技術を駆使して造られた建物が残っており、都市全体が文化の香り豊かな遺跡で埋め尽くされていた。

そのとき、彼はこう思った。

この偉大な文化遺跡の意義づけを考えるとき、日本の地域づくりにおいても将来を見通しての文化の果たす役割がいかに大きいかを。

それとともに、文化遺跡面では到底ヨーロッパに及ばないところであるが、幸い日本にはヨーロッパに勝るとも劣らないすばらしい自然が残されており、この山紫水明の自然を大切にし、また活用し、香り豊かな文化の創造に向けた地域づくりが大切ではなかろうかと。

いま、日本の各地で、地域の活性化を求めた地域づくりが進められている。

そして、地域づくりに成功しているところからはイメージコンセプトを核として、常時全国に向けて新しい情報が発信されている。

つまり地域としてのCI活動が行われている。

熊本県にもいろいろな個性、熊本らしさがある。とりわけ美しい緑から成る自然は、県民の誇りとするところである。

熊本県においても、体系的な手順をふんだCI戦略による県勢浮揚を図るべきときであると考えるが、その際ヨーロッパの、みごとな石の文化にも匹敵するものとして、太陽に輝く緑が、イメージコンセプトの重要な柱として、大いに偉力を発揮するであろうと、彼は思うのである。

其の八

（平成四年一月号）

熊本の宝〜酒〜

熱燗の日本酒のうまい季節である。家であぐらをかき、正月のゆったりした気分の中で、盃をあげると酒がときめきを与えながら、五臓六腑にしみわたり、腹の底からの快感が蘇ってくる。

酒の燗は人肌といわれているが、燗の具合が肝心であり、それに多少の肴があれば手酌でもよい。が！　ここは去年の人気ナンバーワンの宮沢りえよりも気兼ねなく飲める女房との語らいの酒も結構うまい。

古来、酒は百薬の長といわれ適量の酒は、心身の健康の糧となっている。ところで、この酒が今年の4月から一級、二級の区別がなくなる。それに備えて蔵元が競って、多彩な新製品を開発、販売しており、酒の世界も多種、多様である。

その表示も「限定、超特選、純米大吟醸」だの「生一本、金賞受賞、芳醇、特別本醸造」だのとややこしい。

左党としては、うまい酒を飲むために多少は、酒の本質を知っておくのも悪くない。そこで㈱シック発行の「くまもとの酒」からその抜粋を引用することにする。

まず酒の工程は、米を精米し、それを洗い、約15時間くらい水に浸したものを蒸す。蒸し上がった米は冷まして、一部は麹《こうじ》を作るのに使い、あとは酛《もと》を種として水や麹といっしょに醪《もろみ》の容器に仕込まれる。熟成した醪をしぼり、濾過《ろか》や火入れを行い、低温の状態で貯蔵され、熟成を待ってビン詰めにされる。

以上が基本的な酒がつくられるまでの工程であるが、その内容によって酒の種類が区別されている。

例えば、玄米の精米の度合い、添加物や加熱処理また貯蔵の仕方や加水の具合などにより・吟醸酒・純米酒・本醸造酒・普通酒・生酒・原酒・樽酒・生一本・手造り・

にごり酒など、いろいろな酒の種類が出来上がる。

日本の文化でもある飲酒、その酒は種類もさまざまであるが、楽しく飲みたいものである。

ところで、全国には約二千百の蔵元があるといわれているが、今、地酒がブームになっている。

熊本でも、自然の恵みによる美味な米と清らかな水によって、各地でうまい地酒がつくられている。県内の酒の蔵元は14あり、いずれもその風土によって生まれ育った一品ぞろいである。

なかでも亡くなられた今でも、酒の神様とたたえられている野白金一氏開発の「香露」は全国的に有名であり、その酵母は「熊本酵母」として全国の清酒醸造元の9割で使われているという。更にまたこの清酒用の「熊本酵母」と球磨焼酎の「家つき酵母」を細胞融合させたニュータイプの焼酎も開発されている。

ともあれ酒の話が焼酎にまで及んでしまったが、日本一美味な熊本の酒を宝として、愛飲し更には全国に向けてＰＲしたいものである。


〜酒なくして何の己が桜かな〜

其の九（平成四年二月号）

豊かさって何なの

暖冬とはいえ、窓を開けると北風が冷たい。この風雪にもめげず隣家の庭先には、今年も一本の早咲きの梅が美しく咲き誇り、まるで微笑んでいるかのようである。

梅は百花にさきがけて花が開くが、この寒梅を見ていると、決して一番咲きを競おうとしたのでもなく、無理に努力したのでもない。自然にこうなってしまったのだ、と謙虚にそれでいて十分、満ち足りた姿で語りかけているようでもある。

この寒梅を見ていると、終戦間もない子供の頃を思い出した。冬の寒厳の今どき、タビや靴下もはかず、素足で霜柱と遊びながら通学していたことを。寒くてつらくはあったが、背には母が作ってくれた日の丸弁当のぬくもりが今も忘れられない。そこには物はなくとも、母と子の、更には自然と人間のふれあいがあり、心の豊かさがあったように思う。

ところで、本県もそうであるが、地域づくりの目標として「豊かさ」を掲げる自治体が増えている。

では一体、この「豊かさ」とは何であろうか。

広辞苑によると「豊」については①満ち足りたさま、不足のないさま、豊富。②ゆるやかなさま、やすらかなさま、とある。

これを豊かさという観点から人間社会にあてはめてみると、①では物の豊かさを、②では心の豊かさを意味することになるのではないかと思われる。

先頃発表された'91年度国民生活白書では、地方の豊かさが強調されている。白書では「生活の豊かさ指標」を住む、働く、自由時間の3分野でそれぞれ試算。その結果は自然環境や安い物価などが評価されて、47都道府県中、最上位となったのは山梨、長野、富山の各県で、東京圏は最下位、熊本は28位であった。

そして、白書は東京に住む人々が豊かさを実感できない背景には、明治以来の経済効率至上主義があると分析し、地方分散を図り、その上で宮沢政権が掲げる「生活大国」を実現するためには、多様な価値観を持ち始めた国民の意識変化に対応して、社会・経済システムを生活優先型に転換すべきだと提言している。

彼はこの白書が示す内容からしても、今、目標とする社会は物の豊かさももちろん大切であるが、その上での心の豊かさのある社会が真の豊かな社会ではなかろうかと思うのである。

孔子の高弟に子貢《しこう》という人がいた。この子貢があるとき孔子に「人間一生を通じて行うべきことを一言でいえば何ですか」と聞いた。孔子はしばらく考えて「恕《じょ》だ」と答えたという。恕とは自分がされたくないことを人にもするな、自分がされたいことを人にしなさいという意味。つまり思いやりの心である。

このような思いやりのある心で結ばれた社会、そこには親と子の、人と人との、そして、人と自然との心のふれあいを感じる真の豊かな社会がくみ取れる。

今、21世紀に向けた県の総合計画が策定中であるが、その基本理念とするところは豊かさと優しさと文化にあふれた県民生活の実現をめざすことになっている。

この豊かさの中には、物の豊かさをめざすとともに、心の豊かさをクローズアップさせるような視点を持つことも大切であるように思われる。

豊かさとは何か、皆で考え、大いに議論し、そのことで県民の幸せを考える良い機会にしてはどうだろうか。

其の十

（平成四年三月号）

年々歳々人同じからず

今年も季節は巡り春が来た。季節も変わるが人生にとっては、節目の時期でもある。学生にとっては卒業、入学、そして就職のシーズンを迎え、サラリーマンにとっては異動、転勤の時期に当たるからだ。

この自然や人生の節目にあたり、思い出される言葉がある。

年々《ねんねん》歳々《さいさい》花《はな》相似《あいに》たり
歳々《さいさい》年々《ねんねん》人《ひと》同《おな》じからず

この句は中国初唐の人劉《りゅう》希《き》夷《い》作の漢詩「白頭を悲しむ翁《おきな》に代《かわ》る」に出てくる名句である。その意味するところは〝年ごとに、花は同じように咲くが、毎年毎年、それを見る人は同じではない〟との意である。

ところで、この「たっちゃんクラブ」もさまざまな思い出や話題を提起して、満1年を迎えようとしている。

そして、県庁も異動の時期を迎え、この「たっちゃんクラブ」の文筆者や登場した多くの人の中にも今の職場を離れ、〝青雲の志〟に燃えて新しい職場に向かう人もいるであろう。また、居残った人も、草木が来たる年の美花を望み、今から努力するように願わくば新たな気分で仕事に精励し、大成することを期してやまない。

このようにして、川の流れのごとく県庁での生活、そして人生は確かな足どりで過ぎていくが、「たっちゃんクラブ」の課員は、3年後、5年後にちょっと立ち止まって過去を振り返ったとき、きっと「たっちゃんクラブ」のウイットに富んだ話題を思い出し「ククッ」と一人笑いをし、ひとときのさわやかな風を感じることであろう。

それと同時に期待したいのは、将来のいつの日か、自分を見つめたとき「たっちゃんクラブ」を編集したあの時よりも、ここが成長した、この点が良くなったなと自分で自分が誇れるような人になっていたいものである。

そして、その成長は「たっちゃんクラブ」のあの苦楽の編集でみせた共に助け合い、励まし合い、そして高い志を持った心意気―それは鈴木県立劇場館長の「野次馬精神と崖っぷち精神」ともあい通じるものであろうが―をもってすれば必ず実現することであろう。

「たっちゃんクラブ」の課員一人一人が、これからそれぞれの職場や生活において、静かに燃える心意気で自助努力をすることで、年々歳々、見事に成長した人生の大輪の花を咲かせてほしいと願うばかりである。

12　環境公害部環境総務課長
～艱難辛苦《かんなんしんく》の日々～

辰ちゃんは三月末、恒例の人事異動により広報課長を退任して平成四（１９９２）年四月一日付で環境公害部環境総務課長の要職についた。この環境総務課は環境公害部各課の総元締めとなる重要な課である。

辰ちゃんはその環境総務課の課長になり、その重責を担うことになったが、その任務遂行での喫緊の課題としては、

・熊本の豊かな自然を守るための「環境基本計画」の策定
・学校教育などにも役立つ「環境教育基本指針」の作成
・今、県内の各地で造成が進められているゴルフ場等の開発に係る「環境影響評価」の制度化
・「産業廃棄物」等の処遇方針の取り決め
・地域での「地球温暖化対策」の取り組みについての検討

などの業務が待ち受けていた。

更に、この環境総務課で何をおいても一番の最重要課題は水俣病関連の諸問題に対する処遇である。それは、

・水俣病に係る各種の訴訟への取り組み

・水俣病被害者等から頻繁に提出される要望や陳情書などの処遇

・水俣市に建設中の「環境センター」に係る諸事業の対応

・水俣湾の汚染魚の拡散防止のために設置された仕切り網、そしてその成果としての当該海域の安全宣言に向けた取り扱い

・原因企業「チッソ㈱」の水俣病被害者に対する補償の金融支援である「チッソ県債発行」等への取り組み

などなど、多岐にわたる重要案件が山積していた。特に各地で起こされている水俣病に係る訴訟の対応は、その内容が複雑、難解で困難を極めていた。このために部長を中心にして辰ちゃんをはじめとする関係職員が集まり、それらの訴訟対応についての勉強会が日常茶飯事となっている。そしてその難解な訴訟についての協議はいつも深夜に及ん

で検討がなされ、しかも連日続くのだった。

この環境総務課の難解な業務内容、そして担当課長としての辰ちゃんの多岐にわたる課題の遂行状況などについては、あまりにも複雑で事務的であるので、ここでは割愛し、そのときどきの〝こぼれ話〟の幾つかを書き下ろすことにしよう。

☺辰ちゃんの〝こぼれ話〟その（一）

前述のとおり環境総務課の困難な課題を前にして、その課長である辰ちゃんはそれら多くの課題の処遇に全力投球で励む日々である。

そんな折、辰ちゃんは業務の重荷を背負ってそれらの処遇に尽力することに起因したのであろうか、胃の痛みを感じる日も多くなった。このため、これに打ち勝って何とか元気回復する手立てとして辰ちゃんは従来から続けている早朝の坪井川堤防のジョギングに励んでいた。でもその辰ちゃんのジョギングの足どりも仕事のことを思い出すとついつい重くなるのだった。

こうした中で歳序《さいじょ》は夏から秋へと移りゆき、秋高の青空に赤トンボが自在に舞い、中にはつがいのトンボが飛び交う季節になった。暑さがようやく収まり、初秋に吹く風が涼しく感じられる時季である。実りの秋を迎えて人の心も充実してくるはずの日々であったが、辰ちゃんの心境は秋の愁いとともに、仕事の重荷に堪えかねて打ち拉《ひ》しがれていた。

そんなある日の朝、いつものようにジョギングをしていると、その途中で辰ちゃんはついついくだんの仕事の重荷のことが思い出され胃痛を覚え、とっさに土手の一隅にしゃがみ込む。そして辰ちゃんはしばらくの間、その苦痛に耐え忍んでいた。

まさにこれ、そのときであった。東に聳《そび》える阿蘇山上に真赤な太陽が昇り、その朝日の光が辰ちゃんの弱った体を愛撫するかのように照り輝かす。辰ちゃんは、その輝く太陽の光を全身に浴びていると、なぜか少しずつ元気な心が蘇ってくる思いである。辰ちゃんは思わず頭《こうべ》を上げて、前方を見る。すると目の前に太陽の光に照らされた堤上の草花に美しい露華が結ばれており、朝暉《ちょうき》の中、濃《こまや》かに照り映えている。更に、その先の広々と旭光に輝く天地は大自然の生き生きとした眺望が絵のように、どこまでも広がっている。辰ちゃんは思わずこの美しい自然界の覧勝に、時のたつのも忘れて愛《め》で楽しみ、心のトキメキすら感じていた。

この勝景に見入り、思わず感動したことで辰ちゃんは、いつの間にか胃の痛みも無くなり、太陽から浩然の気を頂いた心境になっていた。もうそこには弱音を吐く辰ちゃんの姿はなかった。辰ちゃんは土手の上に立ち、両手を合わせて太陽に、そして大自然に向かって静かに感謝の誠を捧げるのだった。

こうして元気を取り戻した辰ちゃんは職場に行くと、自ら士気を鼓舞して環境総務課の難解な任務の遂行に尽力するのだった。

☺辰ちゃんの〝こぼれ話〟その（二）

季節は進み、その歳が暮れ、平成五（１９９３）年の新年を迎えた。一月四日、県庁では朝日の輝く中、正面玄関の広場に幹部が集い、知事の年頭のあいさつのもと「仕事始め式」があった。

かくして環境総務課、そして県庁各課の多忙な毎日が始まったのだった。辰ちゃんは少しずつ環境総務課の仕事にも慣れ、課長としての矜持を持って事に当たっていた。忙中閑ありのひとときに見る県庁窓外の中庭では風雪を侵《おか》して開く梅の花が春に目覚め、その枝先に一輪、また一輪とその花が咲き誇っている。それを眺めるに付けても今は艱《かん》難辛苦《なんしんく》の日々であるが、いつかはきっとそれを乗り越えてあの梅の花のように花咲くときの夢を追うて仕事に邁進《まんしん》する辰ちゃんであった。

そんな中で時折、胃の痛みを感じた辰ちゃんは意を決して病院に行き、診察を受ける。その結果は「十二指腸潰瘍《かいよう》」との診断であった。以来、辰ちゃんは自分に勝って、なるだけ物事にくよくよせず、いつも平常心を保つことに心掛け、その上で山積する仕事に励むことにしたのだった。

閑話休題

月日は過ぎ、春分を迎えるころ、県庁では恒例となっている人事異動の内示があった。何とその一人に辰ちゃんの名前が上っている。環境総務課での功績が認められたのか、辰ちゃんは課長級から次長級へと昇級し、熊本県天草事務所長に就くことになったのだ。幸慶の至りである。

そのとき辰ちゃんは思うのだった。

〝これからも県庁勤務、そして人生の中で幾多の試練が待ち受けていることであろう。そのときこそ、この環境総務課での艱難辛苦の日々を思い出し、その難関に打ち勝ち、公務員としての吏道、そして人生の義方（ぎほう）に背かぬよう務め励もう〟との決意を。

眼間《まなかい》を県庁窓外の中庭に転じると、かつて風雪を侵して百花の魁《さきがけ》となって花を咲かせたくだんの梅が、今ではすっかり緑の若葉に覆われ、多くの実をしっかりと宿し、春の陽光に照り映えている。辰ちゃんはその美しい光景に見ほれていると、なぜか思わず手を伸ばして強く握手したい心境を覚えるのだった。

13　熊本県天草事務所長
～労逸《ろういつ》のかなたで～

一日たりとも気を緩めることができなかった環境総務課長を一年間勤め上げた辰ちゃんは、平成五（１９９３）年三月に人事異動の内示を受け、熊本県天草事務所長として勤務することになる。

翌四月一日、知事から熊本県天草事務所長の辞令を受けた辰ちゃんは早速、県庁玄関に迎えに来た公用車に乗ると県天草事務所のある本渡市へと向かう。熊本市から国道３号を南下し、宇土市で国道3号から同57号へと乗り換えて宇土半島を西へと進む。その西の果てに海に面した三角町があり、目の前に海を跨ぐ天草五橋が天空にそびえるようにして見えてくる。

かくして天草島の玄関口、天草五橋の中の一号橋を渡ると県天草事務所管内の地で天草上島である。車はこの天草上島の地に位置する大矢野町、松島町、そして有明町を経て、天草上島と下島を結ぶ天草瀬戸《せと》大橋を渡り、天草下島へと走り行く。こうして辰ちゃんを乗せた公用車は県庁から約二時間半を掛けて天草下島の中心都市本渡市へと入り、そこに位置する県天草事務所に着いた。

事務所に着いた辰ちゃんは早速所長室に入り、今回の人事異動で県天草事務所の職員となった人、また事務所内で昇級、昇格した人たちなどへの辞令を交付した。そして全職員約二百人が待つ大会議室へと向かい、その壇上で辰ちゃんは所長就任のあいさつをする。その日の夕刻、辰ちゃんは所の幹部職員との顔合わせの懇親会に出席し、親交のひとときを過ごすのだった。

こうして一日を終えた辰ちゃんは、月影に桜の花が香る良宵の街中を歩いて所長公舎へと向かった。そして熊本市の自宅から送り届いていた単身赴任のための諸生活用品を所定の場所に配置整理する。こうして初めての所長公舎で独り寝床に入ると安らかな眠りにつくのだった。

翌日の春暁《しゅんぎょう》、辰ちゃんは小鳥の鳴き声に目を覚ますと朝の用事を済ませ、早速、公舎周辺の小道でのジョギングを楽しむ。こうして爽やかな気分になった辰ちゃんは公舎に戻り、前日に買っておいたパンと牛乳を冷蔵庫から取り出し朝食を済ませ、身支度を整えて徒歩で事務所へと向かう。

記述が後先《あとさき》となったが、ここで辰ちゃんの居住について述べておこう。熊本市にある辰ちゃんの住居には高齢の義母がいて、妻がその身の回りの世話をしている。このこともあって辰ちゃんは県芦北事務所長のときと同様に今回も単身赴任の独り住まいで、所長公舎での自炊が始まったのだ。

それはともかく、事務所に着くと所長室で早速、前所長から事務引き継ぎを受ける。辰ちゃんは四年前になるが二年間芦北事務所長の経験があり、その事務所の規模は格段にこの事務所の方が大きいが、その重責を全うするための任務については大方、熟知している。辰ちゃんは、それを踏まえて引き継ぎを受けるのだった。

それが済むと、公用車を駆りて管内十五の市町に新任のあいさつ回りに出かける。天草管内は広く下島に本渡市、牛深市、新和町、五和町、苓北町、天草町、河浦町があり、上島に大矢野町、松島町、有明町、姫戸町、龍ヶ岳町、御所浦町、倉岳町、栖本町がある。かくして管内は二市十三町から成っているのだ。

このように管内は広く、一日であいさつ回りが済む道のりではない。辰ちゃんは公用車を走らせ、訪問先の各市町を数日に分けて訪問するための計画を立てる。その訪問先では各市町長への新任あいさつが主体であるが、その中で地域によっては漁協、農協、森林組合、商工会などの会長にも面会し、新任のあいさつをするのだ。

その日程に従い、まずは天草上島の各町を運転手の道案内で訪問してゆく。その中で御所浦町は天草島の中にあって更なる離島の町であり、海上タクシーを利用しての訪問となる。

天草上島のあいさつ巡りが済んだ翌日からは天草下島の各市町を訪問する。まずは天草島最大の都市本渡市を訪問し、市長と懇談する。その後、天草下島をこれまた運転手の道案内で順次南下して各町を訪問してゆく。こうして辰ちゃんは最後に残った天草島最南端の都市、牛深市役所に着くと、待っていた市長が出迎えてくれ、その市長に新任のあいさつをし、その後、親交を深めて懇談するのだった。

こうしてやっと一通りの天草管内二市十三町の新任あいさつ回りが済んだのだった。

〜やれやれ〜。

それではここらで一休みして辰ちゃんの〝こぼれ話〟に耳を傾けてみよう。

☺辰ちゃんの〝こぼれ話〟その（一）

辰ちゃんは管内二市十三町の市町長をはじめ、中には各種団体の長などにも所長就任のあいさつをして回り、その最後の牛深市での訪問が済むと、やっとほっと一息ついた辰ちゃんは、疲れた体にむち打って車に乗り込み、市役所を出て事務所への帰路についた。

その途次であった。車が牛深港の近くを走っていると、車窓から優美な山海の景色が辰ちゃんの眼間《まなかい》に飛び込んできたのだ。辰ちゃんは思わず体の疲れも忘れて、車から降り、勝景の夕陽に輝く牛深港の浜辺に立ち尽くすのだった。

そこには背後にある遠見山の若葉の緑が春光に映え、路傍の歴乱として咲く花々が馥《ふく》郁《いく》としてその香りを漂わす中、目の前には返照に輝く蒼茫《そうぼう》とした海が広がり、さざ波の立つ海原にはカモメが飛び交っている。辰ちゃんはこの絶景に見入っていたが、やがて大空に両手を上げて清き潮《うしお》の大気を胸いっぱいに吸う。するとどうだろう。今日一日の疲れが吹き飛んでゆく。

こうして浩然の気が蘇ってきた辰ちゃんは、ふと近くで魚を焼くときのあの芳しい香りが漂うのに気付いた。それはどこぞとばかりに頭《こうべ》を回らす。するとすぐ近くの海岸の辺《ほとり》で土地の漁師仲間であろうか、数人の古老たちが七輪を囲んで炭火を起こし、その網の上で一つまみの塩を振り掛けたキビナゴを焼き、それを肴《さかな》に地酒を酌み交わし楽しんでいる。このキビナゴはニシン科の魚で、体長が十センチほどで春風駘蕩《たいとう》の永日の今が一番脂がのった旬の魚なのだ。その魚が火に焼ける度にプスー、プスーと微かな音を立ててはじけ、芬郁《ふんいく》とした香りを漂わせている。そこには美しい浜辺の夕景色の中での人の世の幸せが描き出されており、辰ちゃんの幼きころの日本の農山漁村の原風景が今を昔に静かに物語っているかのように垣間見えてくるのだった。

辰ちゃんはしばらく夢一場《いちじょう》の幻想の世界にふけっていたが、突然のカモメの雄叫びで我に返る。すると今度は先日の前所長からの事務引き継ぎで聞いた話題が思い出されてきた。その話ではこの牛深では往年イワシ漁が盛んで、多くの船団がここの港から出漁していたという。当時はそのイワシの豊漁で街全体が大いに賑わい、栄えていたとのことだ。それを象徴するかのような逸話もこの巷《ちまた》には多く残っているという。

その一つが〝猫のイワシ跨《また》ぎ〟である。当時豊漁で街中にイワシが溢《あふ》れていて、猫さえもがイワシに食傷してイワシが道端に落ちていてもそれを跨いで通り過ぎてしまっていたというのだ。そういう戯言《ざれごと》までが流行《はや》ったほどにイワシ漁で活気づいていた街であったという。それが今では漁業資源の枯渇でその出漁船団も少なくなり、この漁業の街も昔ほどの賑わいがなくなってきているとのことである。

辰ちゃんはあの古老の漁師たちが昔を懐かしく偲《しの》びながら日焼けした顔をほころばせ、ささやかではあるが、ひとときの楽しみに興じている姿を眺めて、これからの所長の役職の中で微力たりとも精いっぱい頑張って、この天草地域の発展のために尽さねばならぬとの思いがひしひしと募ってくる。辰ちゃんは腰のベルトを締め直して丹田に力を入れると、待たせてあった公用車へと乗り込み帰途についた。

閑話休題

天草管内二市十三町の所長新任あいさつ回りが一通り終わり、翌日から辰ちゃんは事務所での多岐にわたる仕事の忙しい毎日が続いてゆく。

その仕事の傍ら辰ちゃんを前にして所内各課・室の担当者が所長室に来て、それぞれの事業内容や課題について説明する。その中でケースによっては現地に行って事業内容の説明を受ける機会も多い。

一例を挙げれば、天草は四方を海に囲まれており、県内でも特に水産業が盛んである。このこともあって県天草事務所には水産業の発展を目指すため水産振興室が設けられている。この振興室では水産業の振興とそれに伴う漁港の整備を担当している。

辰ちゃんに一通りの事業内容を説明した水産振興室の担当者は、辰ちゃんを事業現場に案内したいと申し出た。それを受けた辰ちゃんは、水産振興室の案内で現場へと向かう。そこには日本有数の生産量を誇る「くるまえび」の養殖場があり、また「ぶっきん」と呼ばれる「とらふぐ」の養殖場などがあった。特に辰ちゃんが興味を引いたのは、ふぐの養殖で、養殖場内での暴れるふぐを一匹、一匹、手につかみ、その共食いを避けるためにふぐの頑丈な前歯を切り取る「歯切り」の現場を見たことであった。ふぐにとっては人の世のための受難であろうか！　それはともかくとして辰ちゃんは現場でのさまざまな苦労を思いながら、担当者の熱心な事業説明を聞き見学するのだった。

一方、四月を迎えた天草の各市町ではその風物としての招魂祭が盛んに執り行われている。キリスト教の信仰と弾圧、そして復活に彩られた歴史を持つこの天草では、死者の魂を招いて祭るこの招魂の儀式が以前から地域を挙げて根づいており、今もなお厳《おごそ》かに執り行われていた。

また、年度初めとあって漁協・農協・森林組合・商工団体などの総会が相次いで開催されており、その案内を受けた辰ちゃんは、日程の許す限り出席して、それぞれの総会の盛会を期して祝辞を述べている。

更にこの天草事務所は職員数が約二百人ほどいて、県内の県事務所の中では一番多く、その中には若手職員も多くいる。結婚の適齢期を迎えた若人は結婚の相手が決まると辰ちゃんにその仲人を願う職員もいて、休日の結婚式などには辰ちゃんは熊本市から妻を呼び寄せて、その役目を果たすことも多くある。

こうして月日は怱々《そうそう》として過ぎゆく。そんな中、辰ちゃんは各課から事業内容について十分説明を聞き、また事業現場を訪れ、詳細に視察見学する。更には自らも日夜勉強することで、県天草事務所の大方の仕事の内容は把握することができたのだった。

そこで辰ちゃんは次なるステップとして各課の難解な懸案事項の解決をめざすことに

した。そのことで担当課との検討会議が深夜に及んで続いてゆく。更にはその案件によっては内実を確認するために現場に赴いて検討することも多い。天草は広い。現場に出向くのに県事務所のある本渡市から上島・下島の遠方に行くのに公用車で優に一時間以上かかるところも多いのだ。

そんな折、車の窓外には海岸線を隔てて雲仙天草国立公園の美しい海と大小約百二十の天草の島嶼《とうしょ》が連なり、心ときめく絶景が四季折々に眺められる。辰ちゃんの心安らぐひとときともなっている。

辰ちゃんはそのとき思うのだった。

〝熊本市の自宅にある自家用車を天草に取り寄せ、休日を利用して自ら天草の名所旧跡を訪ね巡ってみたいものだ！〟と。

辰ちゃんは早速、実行に移すことにした。

それではここらで一休みして、辰ちゃん自ら自動車を運転して天草の名所旧跡を訪ね、その心をときめかせた天草巡回青陽《せいよう》の一日を〝こぼれ話〟として紹介することにしよう。

☺辰ちゃんの〝こぼれ話〟その（二）

辰ちゃんは天草の潮風の香る陽春の休日、自ら自家用車を運転して天草下島に位置する河浦町﨑津にある﨑津教会を訪《おとな》った。そこは小高い山と海辺に囲まれた海勢弓湾《かいせいきゅうわん》の入り江からなる小さな漁港で、静かで奥深い趣をたたえている。その集落の中央にゴシック様式の﨑津教会が春光万里の中にたたずんでいた。辰ちゃんは対岸の浜辺からその教会を眺めながら、天草キリシタン文化の変遷に思いを馳せる。

永禄九（１５６６）年、ポルトガル人の宣教師によって天草に伝えられたキリスト教は、この地に根付き繁栄してゆく。しかし、慶長十九（１６１４）年に江戸幕府がキリシタン禁制を発令すると、遠く離れた島国天草でも次第に弾圧が厳しくなってくるのだった。更に過酷な年貢の取り立てが続くと、それに耐えかねた天草のキリシタンたちは寛永十四（１６３７）年に神秘に包まれた謎の美少年、天草四郎時貞を総大将として幕府相手に一揆を起こす。世に言う「島原・天草一揆」である。この乱は一揆軍三万七千人が島原の原城にたてこもり幕府軍と死闘の極みを尽くして戦ったが、多勢に無勢のこともあり一揆軍全軍の打ち死ににによって終えんとなった。その後、天草のキリスト教徒は「潜伏キリシタン」となって密かに信仰を続けるのだった。

時世時節は過ぎ明治の世となり、キリスト教は解禁されて信仰は復活し、天草では河浦町に﨑津教会、天草町に大江教会が建てられ、今も多くの人たちの手厚い信仰によってキリスト教は守られ、育てられているのだ。

天草に息づくキリシタン文化に懐古の情を巡らしていた辰ちゃんは、漁師が小舟の櫂《かい》を漕《こ》ぐかけ声にわれに返ると車を始動し、対岸にある﨑津教会へと向かう。

辰ちゃんは﨑津教会に着くと車を降りて中庭に入り、庭の小道を進み階《きざはし》を登って教会の入り口に立った。一礼して聖堂の戸を開いて中に入る。荘厳な雰囲気に満ちた礼拝堂内は国内でも数少ない畳敷きとなっており、正面にキリストの祭壇がある。静寂の中で前方に一人の老婦が敬虔《けいけん》なお祈りを続けている。辰ちゃんはその場で姿勢を正すと俗塵を払い絶ち、虚心に返り、人の世の平和を願ってお祈りをする。六根清浄《ろくこんしょうじょう》の心胸になった辰ちゃんが顔を上げると目の前に老婦の笑顔があった。辰ちゃんは微笑《ほほえ》みを返してあいさつを交わす。辰ちゃんは老婦の後に続いて聖堂を出た。

さわやかな潮風が吹く中、花や鳥が春を装《かざ》り楽しんでいる。辰ちゃんは春望《しゅんぼう》に心胸を湯《ゆる》がしながら教会を後にして自家用車に乗り込むと隣りの町、天草町の大江にある大江教会へと車を走らす。

春がすみを帯びた若葉の緑が滴るような林の中の駐車場で車を止め、辰ちゃんは小鳥の盛んな囀《さえず》りを聞きながら草木の花咲く小道の坂を登ってゆく。その丘の上にはロマネスク様式の白亜の教会が建っており、十字の尖塔が青空に照り映えている。

開き戸を開けて聖堂の中に入ると人影は無く、中央のキリストを祭った祭壇がステンド・グラスから入る夕陽を受けて静かに輝いている。辰ちゃんはその前に進み立ち襟を正すと、ここでも崇敬なお祈りに身を投じた。お祈りを済ませた辰ちゃんは清閑とした堂内の席に座ると孤独の中、またぞろ天草キリシタン文化の歴史が走馬灯のように蘇ってくる。

どのくらいの時が流れたであろうか。堂外の鳥の声で我に返った辰ちゃんは席を立ち、入り戸を開き聖堂の外に出た。庭にはこれまた千紫万紅《せんしばんこう》の春の花が咲き乱れている。その庭を散策した辰ちゃんは、丘の上から青々と広がる東シナ海の蒼茫《そうぼう》とした大海原を見渡す。そこには水天髣髴《すいてんほうふつ》とした中で、真赤な夕陽が今にも沈もうとしている。辰ちゃんは思わず夕暮れの太陽に両手を合わせると、今日一日の幸せに感謝し、そのお礼の誠を込めてお参りをするのだった。

こうして清浄の心を胸に抱いた辰ちゃんは教会のある丘を下り、駐車場に着くと自家用車を運転して帰路についた。その途次、車を運転する辰ちゃんの心中には天草の名所旧跡を訪ねようと思い立ち、まずは天草に息づくキリシタン文化を知ろうと二つの教会を訪ねたが、その思い出が次から次へと蘇り、思わず微笑む辰ちゃんであった。

閑話休題

翌日からまた事務所の内外での辰ちゃんの多忙な毎日が続いてゆく。そんな中で辰ちゃんは先日は天草の名所旧跡を訪ねようと二つの教会に足を運んだが、その他にも天草の今を自らできる限りの範囲で見学して回り、その地域の実情を見て聞いてその現状を知ることが、辰ちゃんの念願である天草の地域振興にも役立つのではないかとの思いが募ってくる。

そこで過日、天草の名所旧跡を知ろうと二つの教会を訪ねた辰ちゃんは次の休日を利用して今度は本渡市の隣町、五和町二江にある離島通詞島、そして天草上島の大矢野町にあるこれまた離島の湯島を訪ねることにした。

それではまた辰ちゃんの〝こぼれ話〟に耳を傾けてみることにしよう。

☺辰ちゃんの〝こぼれ話〟その㈢

三春も半ばを過ぎた休日の早朝、辰ちゃんは自家用車を運転して所長公舎を出発し春風駘蕩《たいとう》の中、通詞島へと向かった。

天草下島の更なる離島である通詞島は、今は架橋で結ばれており、その島には八百人ほどの島民が住んでいる。この島の周囲の海域は起伏に富んだ海底となっており、そのため複雑な潮の流れが生じており、このこともあってタイ、ウニ、サザエをはじめとして大小さまざまな魚が生育する豊かな漁場海域となっている。このため、この島の漁師は漁業でも網を使わないで魚を取る素潜《すもぐ》り漁をする人も多く、その漁が昔から盛んである。

辰ちゃんは通詞大橋を渡り、こと程さような噂《うわさ》に聞く通詞島に着くと、自家用車を駐車場に止めて車を降りた。

辰ちゃんは島内の海辺の漁家の集落を通り、その上に位置する丘へと野辺の花咲く小道を登って行く。かくしてその丘の一隅に立つと目の前には畑地が広がっており、冬場に霜の降りないこの地では早生《わせ》野菜の栽培が盛んで、夏未《まだ》きの中玉葱《たまねぎ》やジャガ芋の収穫がなされている。

そのはるか向こうには滄溟《そうめい》な海原が広がり、その上を鷗《かもめ》が飛び交い、遠くには雲仙岳がそびえ立つ島原半島が迫ってくる。その半島の若葉なす緑に覆われた山裾《すそ》には淡靄《たんあい》が帯となってかかる中、村落の家々が見え隠れしている。辰ちゃんは陽春の自然が輝くこのすばらしい光景に見ほれて時の経つのも忘れていた。

一陣の爽やかな潮風でやっと我に返った辰ちゃんの胸中には、今ふつふつと湧き上がる詩心《しごころ》が感じられてくる。辰ちゃんはくだんの通り詩吟を習っており、師範の免許皆伝の免状を持つ。辰ちゃんは姿勢を正し、臍下丹田《せいかたんでん》に力を入れると眼間《まなかい》に広がる天海に向かって漢詩人頼山陽《らいさんよう》作「天草洋《あまくさなだ》に泊《はく》す」の詩を高らかに吟じてゆく。

〝雲《くも》か山《やま》か呉《ご》か越《えつ》か……〟

吟じ終わり海のかなたに視線を転じれば、何としたことか突然眼の前の春光に輝く波頭に大漁の群れが辰ちゃんの詩吟を賞賛するかのように跳び上がり踊っているではないか。それを見て辰ちゃんの心も踊り出し、再び朗々と詩を吟じるのだった。

その間隙《かんげき》を縫って辰ちゃんは通りかかった漁師に笑顔でその心境を語りかけ、その上でかの群れをなして飛び交う魚を指差し問うとその漁夫は、

「この海域は温暖な気候と良好な海勢に恵まれて小アジやイカなどが豊富で、それらをエサとするイルカが一年を通して群れをなし、回遊しているのじゃ。沖に見える波間に跳ねる大きな魚の群れ、あれはイルカなんじゃ」と答えた。辰ちゃんはやっと大きく頷《うなず》き得心するのだった。なお、この野生のイルカの大群が〝イルカウォッチング〟として天草観光の大きな目玉となるのは、もう少し先のことである。

それはともかく、吟詠をして浩然の気をもらった辰ちゃんは踵《きびす》を返すと丘の下にある集落へと降りてゆく。集落が間近になった下り坂の野辺で、辰ちゃんの眼間《まなかい》に突然、塩作り工房の看板が飛び込んできた。辰ちゃんは興味津々、その工房に近づきのぞくと、一人の職人が塩作りに励んでいる。辰ちゃんは思わず声を掛けあいさつすると、笑顔が

返ってきた。その塩工房に入れてもらった辰ちゃんは、太陽の恵みとミネラルの豊富な天草の海水を用いて作られる塩の生成作業工程に見入ってしまう。

やがてその工房を後にして、潮の香りが一段と漂う集落の中に入った辰ちゃんは、その芳香に多少空腹を感じながらも駐車場に着くと自家用車に乗り込んだ。

車は通詞島に別れを告げ、帰路を走る。車が通詞大橋を渡り切った所に何軒かの食堂がその路傍に立ち並んでいた。辰ちゃんは車を止め、その中の一軒の食堂に入った。辰ちゃんは早速、この店の店主のお薦めでここの名物海鮮料理「ウニ丼《どんぶり》」を注文した。配膳された丼には春の「ムラサキウニ」がご飯の上に山と積まれており、一口ごとに濃厚なうまみと上品な甘さが口いっぱいに広がる。その美味三昧《ざんまい》に酔いしれる辰ちゃんである。

こうして辰ちゃんは通詞島での思い出多い一日の旅を満喫して本渡市の所長公舎へと自家用車を運転し帰りゆく。

☺辰ちゃんの〝こぼれ話〟その（四）

天草下島の五和町にある離島〝通詞島〟を訪れた辰ちゃんは、次の休日を利用して今度は天草上島の大矢野町にある離島〝湯島〟を訪ねることにした。

桜の花がほころび、咲き、散ってその葉桜が朝日に照り映える国道を休日の早朝、辰ちゃんは自家用車を運転して天草上島を東に向かって走らせている。この道路はいつも辰ちゃんが天草から本土熊本へ行く行程でもある。

こうして辰ちゃんは大矢野町の江樋戸《えびと》港に着くと車を止めて定期連絡船に乗り込み、離れ小島〝湯島〟へと向かう。その船上からははるかかなた、有明海の真ん中にポツンと浮かぶ歴史とロマンの島〝湯島〟が煙波縹渺《えんぱひょうびょう》の中に望まれる。

この〝湯島〟は天草と島原の中間に位置する周囲約４キロの小さな島である。この島の歴史をヒモ解けば、天草・島原の乱の際、悲劇の美少年天草四郎をはじめとする信徒幹部たちが隠密に談合を行い、またその戦いの武器を作ったといわれることから、別名〝談合島〟とも呼ばれている。

約半時間、船に揺られて辰ちゃんが島に着くと、この島は人口三百名ほどに対して約二百匹の猫が住んでいて、これまた〝猫島〟の愛称をも併せ持っている。その島影から「ニャーン」と猫が辰ちゃんを出迎えてくれている。

島に上った辰ちゃんは、たおやかな海、それに樹齢百年を越えるアコウの樹を左右に眺めて海岸線を歩いて行く。この〝湯島〟は周囲約四キロの台形の島で高い山はない。辰ちゃんは海岸に沿った小道から途中で道を離れ、丘へと登って行く。その丘に登って行くと一番高い所が公園になっている。その中央に建つ石碑に、〝ここがキリシタン一揆の戦いである天草・島原の乱の最初の話し合いがなされた談合ノ島である〟と記してある。

更に辰ちゃんがその先にある展望所に登り立つと、見渡す限り有明海の海原《うなばら》が広がっている。その絶景を心ゆくまで見終えた辰ちゃんは、新緑の樹木に包まれた道なき道をかいくぐりながら島一周をめざして歩を進める。その途次、大正時代に建てられ、当時のレトロな姿を保ったままの「湯島灯台」も見学する。

こうして島巡りを終え、港の集落にたどり着いた辰ちゃんは昼どきを過ぎており、早速、島の食堂へと向かった。訪れた店で辰ちゃんはその日取れた新鮮な海の幸を贅沢に盛り込んだ定食を食べては舌鼓を打つのだった。

夕陽が西に傾くころ、辰ちゃんは思い出多かった〝湯島〟を後に別れを惜しみ、たもとにまつわる猫に見送られて、定期連絡船に乗り込み帰途につくのだった。

閑話休題

さて、辰ちゃんは天草地域の振興発展のため、毎日県事務所長としての多忙な業務遂行に尽力している。

その中で季節は移ろい、天草に太陽の季節、夏が来た。三つの海（有明海・八代海・東シナ海）に囲まれた天草は、鮮妍《せんけん》な白砂青松の海岸に清澄なさざ波が湧き立つ多くの優れた海水浴場がある。また、釣りやスキューバダイビングなどのマリンレジャーが楽しめるところでもある。このため県の内外から多くの観光客が天草を訪ねてやってきては、豊かな海の自然と触れ合いながら楽しいひとときを過ごしている。

辰ちゃんはこの多くの天草を楽しむ観光客の姿を見て、仕事で多忙な毎日であるが、休日を利用して熊本にいる家族を天草に呼び寄せ、一緒に天草での歴遊覧勝することを思いつき計画を立てた。

それではそのときの出来事を辰ちゃんの〝こぼれ話〟としてのぞきみることにしよう。

☺辰ちゃんの〝こぼれ話〟その（五）

辰ちゃんは夏休みの休暇を利用して自家用車を運転して熊本市の自宅にいる妻と年老いた義母を迎えに行き、天草に呼び寄せた。こうして辰ちゃんの案内で、ささやかではあるが家族での天草の中心都市本渡市の旅が始まった。

本渡市の名所である天草海洋レジャーランドの「天草海底自然水族館」を案内し、次に国指定重要文化財である〝天草四郎陣中旗〟を中心に天草キリシタンの歴史を分かりやすく紹介した「天草キリシタン館」などを案内する。そこには年老うた義母が子供のようになってはしゃぐ笑顔があった。

夕食は海鮮料理の天草グルメでもてなすと、妻と義母は天草の夕べを〝至福のひとき〟として楽しみ、その美味な料理を満喫して過ごすのだった。そこには俗世の煩わしさから解放された人生の安らぎが感じられる。かくして所長公舎に帰った辰ちゃんたち家族三人は、枕を並べて安らかな眠りについた。

翌日から辰ちゃんは勤務があり、妻と義母は辰ちゃんの見送りを受けて熊本行きのバス停へと向かい、高速バスに乗ると熊本市の自宅へと帰って行った。

閑話休題

気候が温暖な天草では八月になると平野では稲刈りが始まり、早場米コシヒカリの収穫が始まる。収穫された超早場米は「なつのたより」の銘柄で県の内外に出荷される。

九月に入ると南国九州は台風シーズンを迎える。今年も九州に台風が上陸し、その影響で天草では早場米コシヒカリの稲の倒伏や養殖いけすが壊れて、タイなどが大量に逃げ出すなどの被害が出た。辰ちゃんは早速、県庁に出向いて、その被害状況を知事や県議会に報告するなど、その対応に大わらわの日々が続く。

一方、秋の高天の中、灝気《こうき》流るるこの時季、天草の各市町では町制施行や学校創立、あるいは消防協会などの周年記念を祝った式典が開催されている。その都度、辰ちゃんは来賓として案内を受けていた。その式典会場には多くの関係者が集い、壇上には美しい菊花が飾られ、凛とした装いで芳香を放っている。

式典に当たっては、まず主催者たる市町長が式辞を述べる。その内容は一字一句が適切な表現となっており、当式典開催の意義を述べるとともに、その式典を契機として市町の更なる振興発展を願う熱意が随所に発揚されている。その式辞のほとんどは聴衆を前にして用意した蛇腹折りの原稿を読んでゆくが、中には原稿なしで聴衆に語りかけるようにして式辞を述べる首長もいた。

こと程さように辰ちゃんは、各市町長の式辞をはじめとしたあいさつを聞いていると、そのあいさつの中で各市町長が、いつも我が市町発展のために現状をよく把握して、その上でどう改善していくべきかをたえず熟慮しながら、その実践行動に懸命に努力していることがよく理解できるのだった。更に辰ちゃんは日頃の各市町長との対話の中で政治家としての政治の本質を教わる機会も多い。辰ちゃんが各市町長から学んだ多くの中からその事例の一つを掲げると某首長は、

〝常日頃からよく住民の意見や要望に耳を傾けてよく聴く。その上で当地域発展のための施策を自らよく考え、議会にも諮って最善の行政を進めることに心掛けている。そ

こにはいつも「公正」の誠が貫かれていなければならない。「公正は治化の本なり」、この信条で地域振興発展のために全力を投じている〟と言うのだった。辰ちゃんは行政のことは少しは分かっているつもりであったが、各市町長の実務に当たっての政治への思いがその式典や総会などのあいさつの中で、ひしひしと伝わってくる度に深い感銘を受けるのだった。

話が少し横道にそれたが、くだんの式典会場に臨んで来賓として壇上に立った辰ちゃんは用意された原稿をもとに棒読みの祝辞で済ませることが多い。辰ちゃんはその度に各市町長の熱弁の式辞を聞き、自らの祝辞の非力を悔み、会場を後にするのだった。

〝頑張れ〟辰ちゃん。

それではここらで一休みして天草の風物を辰ちゃんの〝こぼれ話〟として垣間見よう。

☺辰ちゃんの〝こぼれ話〟その(六)

さて、秋の訪れとともに仕事であちこちを公用車に乗り込み、天草管内を駆け巡る辰ちゃんは時折、車窓に映る自然の移ろい、そこに見られる天地の輝きに目を見張り、心のトキメキを感じては感動を覚えることがある。特に顥気《こうき》の秋景色の中、「天草西海岸サンセットライン」と称する天草西海岸の水天髣髴《すいてんほうふつ》とした中に沈む真っ赤な夕陽は筆舌に尽くしがたい絶景そのものである。

こうして時は過ぎ、深まる秋空のもと天草では毎年恒例の「天草西海岸陶芸祭り」が開かれる。天草の西海岸地域では品質、埋蔵量とも日本一を誇る陶石が掘り出されている。採掘された陶石は県内外の焼き物産地にその素材として出荷されている。この天草陶石は江戸時代の賢哲《けんてつ》平賀源内が「天下無双の上品」と絶賛したと伝えられる代物である。

かくして天草陶石は多くは県の内外に出荷されているが、ここ天草でもこの陶石を用いて陶磁器を作る幾つかの窯元も点在しており、春と秋にその窯元めぐりを中心に「天草西海岸陶芸祭り」が開催されている。その期間中、各窯元では展示品の即売や陶磁器づくり体験プログラムも用意されており、県内外から多くの観光客で賑わうのだった。

更に南国天草が晩秋を過ぎると、農協や各市町では農業収穫祭が開催される。このころ大陸から秋の涼しい空気が流れ込み「青北風《あおきた》」が吹くと天草の天海は一段と青さを増す。この風に乗って各地の神社からは豊作を祝う笛や太鼓の祭り囃子《ばやし》の声が秋空に響き渡る。

閑話休題

かくして忙しい一年が過ぎた。県事務所では「仕事納め式」の式典が開催され、全職員を前にして辰ちゃんの今年一年の職員への労《ねぎら》いのあいさつがあり、式典は粛々として執り行われてゆく。式典を終えた辰ちゃんは所長室で机の上の書類の整理に取りかかる。その上で所長公舎に帰り、公舎内外の清掃をする。こうして夕やみ迫るころ、辰ちゃんは自家用車を運転して天草を後に熊本市の自宅へと向かうのだった。

平成六（１９９４）年の正月元旦を辰ちゃんは熊本市の自宅で迎えた。大学で学んでいる長男、次男も帰省しており、一家団欒《だんらん》の新春である。それも束の間、辰ちゃんは二日の夕刻には自家用車を駆って天草の所長公舎へ帰った。天草の各市町では正月の早い時期に消防団の出初式《でぞめしき》が計画されている。その先頭に立つのが牛深市で、早くも正月三日には消防出初式が予定されていた。

正月三日、酷寒《こくかん》の早朝、辰ちゃんは公舎で一人で朝食を取り、消防服に着替えて身支度をする。辰ちゃんは迎えに来た公用車に乗ると消防服の襟を正して、牛深市の出初式会場へと向かった。天草の最南端に位置する牛深市までは山道を登り、谷を越えての道のりで、車でも一時間以上は優にかかる。その途次、南国九州天草の冬は他と比べると温暖な気候ではあるが、厳寒のこの時季、天地はさすがに凛とした澄み切った空気に包まれている。思わず辰ちゃんは身も心も引き締まる思いである。一方、車窓からは野辺に咲く「雪中花」水仙の花が鮮やかな彩りを見せており、その可憐な姿が辰ちゃんの心を和《なご》ませてくれている。

やがて辰ちゃんを乗せた車は消防出初式会場である市民グラウンドに着いた。式場では緊迫した雰囲気の中で揃《そろ》いの消防服で身を固めた数百名の団員が整然と隊列を組んで並び立っている。車を降り、来賓席へと向かい、その場に立った辰ちゃんは、ポケットから純白の手袋を取り出し手にはめると改めて制服、制帽を整え、居合わせた関係者にあいさつをして席に着いた。

爆竹が上がり開式となり、まず主催者である市長が壇上に上り式辞を述べる。会場は一糸乱れずの中、市長の声以外は物音一つ聞こえない。

次に来賓あいさつとなり、そのトップが辰ちゃんである。辰ちゃんが壇上に立つと隊列の先頭にいる消防団長の、

「頭中《かしらなか》！」

と、雄叫びの号令が響き渡る。呼応して団員は気を付けの姿勢をとる。それを見て辰ちゃんは右手を大きく伸ばし、帽子の鍔《つば》にあて、敬礼の体勢で団員に向かって左前方から右前方へとゆっくり顔を巡らしてゆく。辰ちゃんの士気が一気に高揚してゆく。辰ちゃんと団員の心が一つに解け合う瞬間である。辰ちゃんは敬礼が済むと気合いを入れてサッと右手を降ろす。

「休め」

と団長が号令をかける。団員はもとの姿勢に戻る。辰ちゃんは胸の内ポケットから予《あらかじ》め用意していた知事の祝辞を取り出すと、気を静め丹田に力を込めて代読する。知事の祝辞の中では、地域住民の生命と財産を守るため常日ごろから活動している団員に対して感謝の誠を述べ、団員への励ましの言葉が続く。辰ちゃんの代読が終わると再び団長が、

「頭中《かしらなか》！」

と号令をかける。辰ちゃんは再度、右手を上げて敬礼の姿勢をとり、気を付けの姿勢をとる団員を見回す。そして右手を下げた。

「休め」

団長の号令が響き渡る。辰ちゃんは一礼して降壇し、もとの来賓席へと戻ってゆく。

こうして式典が進み、その式典が済むと消防団員による実技の演習が披露され、出初式は滞りなく終了した。かくして辰ちゃんは牛深市を筆頭に歳寒《さいかん》の一月に予定されている天草二市十三町のすべての消防団出初式に出席し、知事の祝辞の代読が続いてゆくのだった。

天草の各市町が行う新春恒例の消防団出初式が一巡して幕を閉じるころ、県事務所では年度末を迎えて多くの事業でその総仕上げが急ピッチで進められている。
・農業、水産業、林業におけるハード・ソフト両面にわたる県営事業の推進
・福祉では低所得世帯への支援や身体障害者、老人、更には保育園児などへの福祉の向上

・商工業の発展や観光振興、更には地域おこしへの取り組み
・水が不足がちな離島天草の水利用対策
・県税に係る適正な徴収―などなど…。
これらの事業に辰ちゃんをはじめ、事務所の担当職員は一丸となって県としての役割、その責務を全うするために日夜、尽力するのだった。

また管内二市十三町においては、各々の首長が各市町発展のために努力に努力を重ねている。そのために首長は住民やその道の専門家の意見などをよく聞いて、それをもとに自ら判断してユニークな施策に積極的に取り組んでいるのだ。辰ちゃんは首長のこうした努力に報いるべく管内二市十三町の首長とは機会あるたびに意見交換を行い、微力ではあるが県としての立場で各市町の発展を期してその支援の手を差し伸べるため腐心する毎日でもあった。

そんな多忙な毎日が続く二月中旬、辰ちゃんは時には雅懐《がかい》の心を呼び起こし、緉腸《しゅうちょう》を展《ひら》かんと休日を利用して天草西海岸にある「五足の靴文学遊歩道」を訪ねることにした。

それではここらで一服することとして辰ちゃんの〝こぼれ話〟を垣間見ることにしよ

う。

☺辰ちゃんの〝こぼれ話〟その（七）

天草西海岸にある「五足の靴文学遊歩道」は、日本の近代文学の基礎となった作品を次々と世に送り出した与謝野寛（鉄幹）、北原白秋ら五人の歌人・詩人が明治も末のころ天草の自然と文化に触れようとたどった道の一部である。

休日の正午過ぎ、辰ちゃんは自家用車を駆りて天草町下田へと向かう。暦の上では立春を過ぎ、霜の降りない天草ではあるが、吹く風は料峭《りょうしょう》として肌寒さを感じる。それでも満目荒涼とした海辺の道端には、春を感じ萌《も》え出でる名も知らぬ草々のものの芽があちこちに点在している。その背後の山々には椿の花咲く中、早くも若葉の芽吹く樹木もあって、春を装い美しく染め上げている。

天草町下田の現地に着き、小高い丘に登り立つと目の前は海勢弓湾とした妙見浦《みょうけんうら》の景勝が連なって広がり、その先には滄海《そうかい》に白波が立つ大海原が広がっている。それを眺望しながら辰ちゃんは「五足の靴」の当時のことに思いを巡らすのだった。

更にはこの興趣に乗じて辰ちゃんの心胸には眼間《まなかい》に広がる自然、そして心ときめく文化への感動が吟情を促し、そこには一篇の漢詩が出来ていた。

訪五足靴歩跡
明治墨客詠詩歌
踏破羊腸五足靴
峭峻東山迎緑樹
漫瀾西海返銀波
雲煙靉靆如妍帯
島嶼參差若翠螺
渚畔詞碑題美観

五足《ごそく》の靴《くつ》の歩跡《ほせき》を訪《たず》ぬ
明治《めいじ》の墨客詩歌《ぼくかくしいか》を詠《えい》じ
踏破《とうは》す羊腸《ようちょう》五足《ごそく》の靴《くつ》
峭峻《しょうしゅん》たる東山緑樹《とうざんりょくじゅ》を迎《むか》え
漫瀾《まんらん》たる西海銀波《さいかいぎんぱ》を返《かえ》す
雲煙靉靆《うんえんあいたい》として妍帯《けんたい》の如《ごと》く
島嶼参差《とうしょしんし》として翠螺《すいら》の若《ごと》し
渚畔《しょはん》の詞碑美観《しひびかん》を題《だい》し

大瀛斜照染文過　　大瀛《だいえい》の斜照《しやしよう》文《ふみ》を染《そ》めて過《よ》ぎる

下平声五歌韻

語意

墨客…文人　　參差…そろわないこと

羊腸…曲がりくねった山道　　翠螺…水上はるかに見える青い山

峭峻…山が険しく高いさま　　詞碑…詩碑

漫瀾…水の広く限りないさま　　大瀛…大海

靉靆…雲がたなびくさま　　斜照…夕日

島嶼…大小の島々　　過…通りすぎてゆく

大意

明治四十年、与謝野鉄幹をはじめとする若き天才詩人の五人連れは東京を発ち、天草を目指す。

世にいう「五足の靴」である。

当時、天草の道路は今のように整備されておらず、彼らの行く手は困難を窮《きわ》める。

それから一世紀以上がたった。

その足跡を辿《たど》り、その地に立てば、東に新緑を迎えた高い山が迫り、西には天草灘の広大な青い海が白波を返している。

その彼方には美しい帯のような淡い雲がたなびき、直下には大小の島々が點綴青螺《てんていせいら》のようにして青く浮かんでいる。

真っ赤な椿の花咲く海岸のあちこちを見て、天草の美観に感動した彼らの当時を偲ばせる紀行の詩碑がそこには建ててあり、その詩文を海の上に輝く夕日が美しく照らし、やがてその陽も煙波《えんぱ》縹渺《ひょうびょう》とした中で静かに没してゆく。

閑話休題

季節は怱々《そうそう》として過ぎゆく。天草の春の訪れは早い。一月厳寒の中に水仙の花が咲き、二月には百花の魁《さきがけ》となる梅の花が風雪を侵して開き、桃の開花と続いてゆく。それとともに春を待つ天草島民の心に生きる喜び、希望の息吹きが自然の移ろいの中で自ずから感じられるようになる。その自然を愛する人たちの心の喜び、感動はここ天草では多彩な催しとなって繰り広げられてゆく。

その一つが天草の春を彩る〝牛深ハイヤ祭り〟への期待である。この牛深ハイヤのルーツを文献ではこう伝えている。

〝ハイヤ節とは、牛深に寄港した船乗りたちをもてなすために牛深の女性たちが歌い始めた唄である。古くから天然の良港であり、豊かな海産物の産地でもあった牛深港は、日本各地に寄港する北前船などのシケ待ちの港としても賑わっていた。その酒宴の席で歌われ、江戸時代に全国へと広がったハイヤ節は全国のおけさや甚句などのハイヤ節系統民謡のルーツとされている。〟

この牛深ハイヤ祭りは四月の第三金曜日の前夜祭で幕を開け、翌土曜日には夕やみ迫る幻想的な宵の中で多くの踊り手が街道を練り歩き、日曜日には春風駘蕩《たいとう》たる昼間の明るく華やかな中で三千人の踊り手が街道を練り歩く総踊りが展開される。

辰ちゃんは二月の事務所の幹部会議が終了した後で、幹部の皆に今年四月に実施される牛深ハイヤ祭りに所内の有志を募って祭りに参加してはどうかと提案する。するとこれまでも毎年事務所では多くの有志が祭りに参加していることなどの報告があり、皆が笑顔で賛同した。そこで地域おこしを担当する総務振興課の企画振興係がその世話役となって諸準備をすることになった。

早速、企画振興係が所内の職員に祭りへの参加希望者を募ったところ、百名程度の職員が手を上げ、その中で特に若手の女子職員が多く参加することになり、一気に祭りに向けたムードが盛り上がってゆく。世話役が練習のための曜日を決めて、夕方の勤務時間終了後、一息付いた午後六時ごろから一時間程度、事務所の会議室や庭の広場で音楽に合わせて祭りの踊りの練習をすることになった。辰ちゃんも時間の許す限りその練習に参加して踊りの振り付けを見習うのだった。

辰ちゃんは仕事に、そして余暇を活用しての牛深ハイヤ祭りの踊りの練習に励む毎日であったが、たまには心の憂さをはらそうと休日を利用して離島の中の離島、御所浦島の烏峠《からすとうげ》に登ることにした。

それではここで一休みしてその山登りの様子を辰ちゃんの〝こぼれ話〟として記述することにしよう。

☺辰ちゃんの〝こぼれ話〟その（八）

白葩紅蕊《はくはこうずい》の梅の花咲く二月下旬の休日、辰ちゃんは早朝に自家用車を運転して所長公舎を出発し、天草上島へと向かった。

倉岳町で車を止め、そこからは海上タクシーを利用して御所浦島へと進み行く。昼過ぎに御所浦島に着いた辰ちゃんは、用意してきた昼食を取ると登山靴に履き替えるなど身支度を整え、登山口へと歩を進めるのだった。約一時間ほど歩くと山の入り口に着いた。辰ちゃんは立春は過ぎたが春は名のみの寒風の中、それでも山道の道端には萌え出るいろいろな草々のものの芽を見物しながら、人との出会いもなく烏峠の山頂四四二メートルへと登攀《とうはん》してゆく。

山頂に着いて一息入れて立ち上がった辰ちゃんの眼下には、見渡す限り八代海（不知火海ともいう）が広がり、その中に天草上島、下島、更には雲仙岳が夕陽春く《せきようつうずく》中、山光水色として臨眺《りんちょう》されるのだった。

辰ちゃんがこの絵のような物華の中に身を投じていると、その心胸はいつの間にか詩情に向かい、そこには一篇の漢詩が出来ていた。

春初登御所浦島烏峠

猶畱料峭險崖邊
喘汗攀援立絶巓
翠島參差連碧海
白雲靉靆挂蒼天
風帆緩急隨流水
空鳥高低舞斷烟
俯瞰苓洲春若畫
夕陽蘸景誘詩篇

下平声一先韻

春初《しゅんしょ》御所浦島《ごしょうらじま》 烏峠《からすとうげ》に登《のぼ》る

猶《なお》留《とど》む料峭《りょうしょう》 険崖《けんがい》の辺《ほとり》
喘汗攀援《ぜんかんはんえん》して絶巓《ぜってん》に立《た》つ
翠島参差《すいとうしんし》として碧海《へきかい》に連《つら》なり
白雲靉靆《はくうんあいたい》として蒼天《そうてん》に挂《か》かる
風帆緩急《ふうはんかんきゅう》 流水《りゅうすい》に随《したが》い
空鳥《くうちょう》 高低《こうてい》断烟《だんえん》に舞《ま》う
俯瞰《ふかん》す苓洲《れいしゅう》 春画《はるが》の若《ごと》く
夕陽景《せきようけい》を蘸《ひた》して詩篇《しへん》に誘《いざな》う

語意

攀援…よじ登る

參差…入りまじること

靉靆…雲がたなびくさま

風帆…帆に風を受けた船

空鳥…大空に羽ばたく鳥

斷烟…所々になびくもや

苓洲…天草の別名

大意

立春は過ぎたが厳しい余寒が肌にふれる中、険しく切り立った崖に沿うように続く急峻な山道をよじ登って行く。

汗を拭き拭き息を切らして登攀し、山頂に立てばそこは全方位の美しく雄大なパノラマの世界が出現する。

緑に覆われた大小の島々は碧海に連なり、青空には泰然として白い雲が棚引いている。

この大自然の中で東には帆にいっぱいの風を受けたうたせ船が緩急潮の流れに任せて去来し、所々に靡く大空の微かなもやの中で鳶が悠然と羽ばたいている。

一方、北や西には春景色を装った天草が絵のような絶景を見せて横たわっている。

時を経て、ようやく日は西に傾き、その影は海に揺らぎ輝き、その光景は自ずからふつふつと湧き起こる詩情の世界へと誘ってゆく。

閑話休題

さて、事務所では年度末の仕事も峠を越え、月日を経て平成六（１９９４）年の新年度を迎えた。

四月一日に事務所では今回の人事異動で天草事務所に転入してきた職員などへの辞令交付式があり、その後新たな各課・室などの幹部職員を一堂に集めた会議（これを所議という）が開かれた。辰ちゃんは事務所の各課・室などの現況や当面する課題等を述べ、所を挙げて天草地域の発展に全力で取り組んでもらうよう指示し、お願いする。

こうして多岐にわたる新年度事業が始まった。春の移ろいの中で桜の花がほころび、咲き、散り、そして若葉となった四月半ば、天草の大地には新緑滴る樹木が陽春の光に照り映え、その下には千紫万紅の草花が咲き乱れる。そこには迎え来る牛深ハイヤ祭りの期日も迫っていた。

それではここで一休みして、所を挙げての牛深ハイヤ祭り参加の模様を辰ちゃんの〝こぼれ話〟としてのぞき見ることにしよう。

☺辰ちゃんの〝こぼれ話〟その（九）

今日は四月第三週の金曜日である。牛深市では指折り数えて待っていた牛深ハイヤ祭りの前夜祭が始まった。事務所では勤務時間が過ぎた午後六時ごろから、庭の広場の外灯の下で牛深ハイヤ祭りに向けての総仕上げの練習がなされている。その踊りの衣装は各自が持っている人以外は、世話役が他の団体や知人から借り集めて貸与している。

こうして〝ハイヤ総踊り〟の当日、日曜日の朝が来た。辰ちゃんは一人で朝食を済ませると借り受けた踊りの揃いの衣装で身をつつみ、地下足袋を履き、舎宅で待っていると迎えの車が来た。祭りの参加者はそれぞれの自家用車に相乗りして牛深に向かうのだ。車が牛深市内に入ると街中は祭り一色に染まっており、その天地には「ハイヤ～エ～ハイヤ～」の華やかな歌声が拡声器にのり、大音響となって祭り気分を盛り上げている。

辰ちゃんたち一行が出演者の集合場所に着くと、そこには大勢の人が集まり、出番を待っている。その中の県天草事務所の所定の集合場所には予定の参加者が集まっており、整列して出発の合図を待っていた。

祭りの開始時刻となり、マイク放送で参加団体の名称とその紹介がなされてゆく。その先頭を切って、県天草事務所はいの一番に踊ることになった。辰ちゃんを先頭に大きな掛け声とともに意気揚々として大通りに出た百名以上の県天草事務所の踊り手たちは、三列縦隊になって踊り、練り歩いてゆく。途中で一般の観光客の飛び入り参加ができるので、

〝ハイヤ～エ～ハイヤ～〟

の歌声に合わせて、歓喜の世界へと飛び込んで踊る多くの客人もいる。

〝よいさ～よいさ～。さっさよいよい！〟

の掛け声が飛び交う中で牛深ハイヤ祭りの道中総踊りは、興奮と熱狂の中で、昼食休憩をはさんで夕方まで続いてゆく。

かくして辰ちゃんをはじめ、県事務所の参加者全員が元気に楽しく燃えた春の一日が過ぎるのだった。

閑話休題

天草に初夏が来た。山は樹木のみずみずしい若葉の木立ちが連なり、目覚めるような緑が美しい。畑には黄金色に染まった麦が薫風になびいている。こうして時節は移りゆき、竹秋から麦秋へ、そして間もなく梅雨がやってくる。

辰ちゃんはこうした季節の移ろいの中で、天草管内の県営事業に携わる責任者として、その推進に毎日尽力を投じるのだった。その業務は農業、漁業、林業の推進、商工業や観光の発展、社会福祉の向上、県税の適正な徴収、更には離島である天草に欠くことのできない水資源の確保とその利活用など多岐にわたっていた。

これらの事業推進に当たって辰ちゃんは知事をはじめ、本庁各部各課と連携を密にして、時には指導も受けながらその事業の運営推進に努め、励んでいる。また二市十三町の首長ともよく意見交換し、その要望等についてはその都度、県の担当部署にも伝えて、今後の事業展開の検討事項として役立ててもらうよう働きかけていた。こうして熊本県天草事務所の事業は多くの困難に立ち向かいながらも一歩一歩、着実に進められていく。

そんな中、県内は記録的な干ばつに見舞われていた。離島である天草管内は特にその影響が強く、農業用水の不足では被害が出ており、日常生活での給水等でも事欠くありさまである。特に天草最大の都市で県事務所が置かれている本渡市の水がめ、亀川ダムの貯水量が底をつき、干し上がった状況になっているのだ。このため日常生活に欠かせない上水道が減圧給水や時間断水を余儀なくされている。このこともあって、水の確保についての恒久的な対策を追い求める声が天草全土で起こっているほどである。

辰ちゃんは夏場の溽暑《じょくしょ》の中、公舎の風呂桶の水もその都度入れ換えずに、同じ水を何度か使用するなど、小さな節水に協力する毎日である。そんな折、夕立が来て雨が降る。その雨量は干ばつを凌ぐには微々たるものではあったが、辰ちゃんはその慈雨を喜び、天に向かって感謝の誠を捧げるのだった。そんなとき辰ちゃんの胸中には〝人はみな大自然の恵みに生かされながら生きてゆく〟との思いがふつふつと湧いてくるのだった。

それではここで一休みして、過ぎ行く天草の季節の中で辰ちゃんの自然との触れ合いの一こまを〝こぼれ話〟としてのぞいてみよう。

☺辰ちゃんの〝こぼれ話〟その（十）

天草の処々にキンモクセイの甘い香りが漂い、朝露を含んだ菊の花が銀蕊金葩《ぎんずいきんぱ》となって高秋の中、太陽に照り映えている。この天地が澄みわたる静けさの中で秋はいよいよその装いを深くしながら過ぎゆく。

そんな秋の休日、辰ちゃんは午前中事務所に行き、机上の書類の整理をする。午後は公舎に帰り、舎の内外の掃除に励む。菊の花咲く東籬《とうり》の庭先の雑草を取り除くころ、空を見上げると澄みわたる秋空に、太陽がようやく西に傾き始め、その天空には刷毛《はけ》でサーッと描いたようなすじ雲が望まれる。辰ちゃんはその美しい秋空をながめていると、ふと宿題を思い出すのだった。それは「天草西海岸サンセットライン」と称する天草西海岸の夕陽の絶景を見ることへの期待である。辰ちゃんは意を決すると、身支度を整え、自家用車を運転して天草西海岸へと向かう。

天草町高浜の十三仏《じゅうさんぶつ》公園で車を止め、大地に降りた辰ちゃんは目の前の斜暉《しゃき》に輝く青々として広がる東シナ海に見入っている。北に妙見浦、南には白鶴浜を臨むこの高台の公園には、夕日の美しさを歌った与謝野鉄幹、晶子夫妻の歌碑も建てられている。辰ちゃんが望む眼間《まなかい》には天と海が接する水平線のかなたに真っ赤に燃えた夕日が、今しも沈もうとしている。空は赤や緑などに彩られた彩雲が残照《ざんしょう》に映える。一方、滄溟《そうめい》な大海には一筋の金波が繚乱となって紅《くれない》の夕陽《せきよう》に照らされ、帯状に夕日に向かって連なり輝いている。その外では碧波の中、銀鱗を躍らせながら大魚が飛び、あるいは跳ね上がる。まさに天然の輝く刻《とき》が過ぎてゆく。その絶景に見入る辰ちゃんはすべての俗世のしがらみから解き放され、六根清浄《ろくこんしょうじょう》の虚心の中で胸のトキメキすら覚え、心の感動の赴くままにときの経つのも忘れて、さわやかな潮風に身を投じていた。

閑話休題

さて節序《せつじょ》は移りゆき、歳の瀬を迎えた今も水不足が続く天草である。辰ちゃんをはじめ、事務所の各課・室では県庁各課、そして二市十三町との連携を密にした渇水対策の協議が頻繁になされている。

その一方、辰ちゃんは将来を託す若人に天草の現状をよく知ってもらい、彼らが大人になったとき天草地域の振興発展の担い手として地元天草の各所で大いに活躍してもらいたいとの期待を常々思っていた。このことに鑑《かんが》みて、辰ちゃんは県天草教育事務所を介して天草にある県立高等学校と調整して高校での講演の機会を探っていた。

その機会が訪れた。その当日、辰ちゃんは講堂に集まった県立某高等学校の全校生徒を前にして、

「どうします？　天草興し」

と題して、若人の瞳の輝く中で、天草の現況とその振興について熱弁を振るうのだった。

かくして月日は怱々《そうそう》として過ぎ、平成六（1994）年が暮れ、平成七（1995）年の新年を迎えた。

年末年始を熊本市の自宅で過ごす辰ちゃんは、蘇岳の山上に旭光《きょくこう》が輝く中、お宮まいりに行く。そのお宮まいりから帰宅した辰ちゃんは県外の大学に通う長男、次男も正月に帰省しており、一家団欒《だんらん》の楽しい一日を過ごすのだった。

それも束の間、二日の午後になると辰ちゃんは早々と天草の所長公舎に帰った。くだんの通り、三日の牛深市消防出初式に知事代理として出席することが予定されているためである。こうして恒例の正月行事が続く中で、県事務所では年度末を迎えて多忙な事

業の推進が図られてゆく。正月の忙しい毎日であるが、雅懐《がかい》の心をいつも胸の奥底の一隅に宿している辰ちゃんは以前からのある宿志が心胸を盪《ゆる》がしていた。

それではここで一休みして、辰ちゃんの宿志の実行を〝こぼれ話〟として記述してみよう。

☺辰ちゃんの〝こぼれ話〟その（十一）

辰ちゃんの宿志とは休日を利用して天草下島の北西部苓北町に行き、江戸末期の漢詩人頼山陽《らいさんよう》の詩碑を見学することであった。

山陽は文政元（1818）年、京都から西下の旅に出て、八月には長崎から茂木を経て、熊本方面行きの船に乗った。ところが長崎千々岩灘《ちぢいわなだ》沖で暴風に遭い、近くの小島に難をのがれて数日波の静まるのを待ち、その上で熊本へと向かっている。その避難の間、山陽は近くの天草下島の富岡に立ち寄っていた。その富岡では風もおさまり、山陽は天草灘の海に落ちゆく夕陽《せきよう》を眺め、また夜に入って星の輝く皎然《こうぜん》とした空を見上げて作ったのがかの有名な漢詩

〝天草洋《あまくさなだ》に泊《はく》す〟である。

辰ちゃんは休日の朝、自家用車を走らせて苓北町へと向かう。正午前に頼山陽作「泊天草洋」の詩碑が建つ〝頼山陽公園〟に着いた。この公園は富岡半島の入り口にあって、目の前には天草灘の青々とした海原が広がっている。その岸辺には松林が連なり、その前方、白砂の海岸には寄せては返す銀波が大音響を放ち、とよもしている。

辰ちゃんは車を降り公園内に入ると、そこには人影はなく、一帯は寂寥《せきりょう》とした風情に覆われている。そんな中、公園の中央に建つ山陽の詩碑が天草灘に向かって冬晴れの愛日の光に照り映え、端然とした姿で佇《たたず》んでいる。辰ちゃんは詩吟が得意で、熊本県職員吟詠同好会の会長であり、この有名な山陽作の「泊天草洋」の漢詩は日ごろからよく吟じている。辰ちゃんは詩碑の横に立って襟を正し、天草灘に眥《まな》じりを決すると臍下丹田《せいかたんでん》に力を入れ、詩を吟じてゆく。

〝雲《くも》か山《やま》か呉《ご》か越《えつ》か　水天髣髴青一髪《すいてんほうふつせいいっぱつ》……〟辰ちゃんの心胸に清気凝《せいきこ》る逸興《いっきょう》の世界が広がってゆく。こうして絶唱を朗詠して風流韻事《ふうりゅういんじ》の中で時の経つのも忘れて風懐《ふうかい》に浸り、身を投じる辰ちゃんであった。

やがて自家用車を運転して帰路を進み行く中で、辰ちゃんはある特別な事に思いを巡らしていた。その思いとは、

〝あの有名な頼山陽の詩碑の建つ公園に県内外の吟詠家をはじめ、多くの風雅を愛する客人を呼び込み、その人たちに逸興《いっきょう》に富んだかの世界に身を投じ、楽しんでもらう手立てはないものだろうか…と。

その事が現実のものとなり、多くの人が風光明媚で山海の雄大な自然が一望に眺められるかの地に立てば、その人はきっと山陽が詩に託したような雄壮な気分を満喫味わいながら雅懐《がかい》の一刻《ひととき》を喜び、楽しみ過ごすことができるのではなかろうか…と。

そしてそのことは県内外に対してのすばらしい苓北町の情報発信源となり、引いては多くの人々を呼び込むことで、町の観光振興にも寄与し、地域興しへと発展することではなかろうか…と。〟

数日後、辰ちゃんは苓北町長に会い〝頼山陽公園〟の詩碑「泊天草洋」を顕彰して〝天草洋《あまくさなだ》に泊《はく》す〟を吟ずる詩吟の全国吟詠大会を開くことで、県内外からこの地に多くの雅客を呼び込み、そのことで地域興しに役立ててはどうかと持ち掛けたのだった。町

長は辰ちゃんの提案を聞くと、その大会の実現に向けて検討することを快諾してくれた。

こうして役場内に助役を中心に〝頼山陽公園の活性化委員会〟が立ち上げられたのだった。辰ちゃんもその委員会のオブザーバーとして出席させてもらい、吟詠の全国大会に向けてその組織、運営づくりに意見を述べさせてもらうのだった。

辰ちゃんはその年の三月末に人事異動で天草を去ることになったが、町当局ではその後検討を重ね、吟詠大会に向けての実施も決まり、その運営の概要も整ったのだった。

かくしてその年の五月吉日に、
第一回吟詠「泊《あま》二天草洋《くさなだにはくす》一」全国大会が開催されたのだった。

その後、この〝吟詠「泊二天草洋一」全国大会〟は年々会を重ねるごとに充実した大会となり、全国から多くの吟詠家や雅人《がじん》が集う苓北町の一大イベントとして発展定着してゆくのだった。

閑話休題

さて、県天草事務所では各課・室において年度末の事業が精力的に進められていた。

こうした三月中旬、辰ちゃんは人事異動の内示を受け、平成七（１９９５）年四月一日付で企業局次長として本庁に戻ることになった。辰ちゃんはし残した事柄も多くあり、また天草を去ることに一抹のさびしさが胸を打つ。でもこれが公務員の宿命であった。この内示を受け、辰ちゃんは県事務所内外での仕事の傍ら、退任に伴う事務整理にも手掛け、次の所長への事務引き継ぎ書の作成にも取り掛かった。また、公舎での引っ越し作業も始める忙しい毎日が続く。こうして転勤の諸準備が整ってゆく。

三月末日、辰ちゃんは大会議室で全職員を前にして所長退任式に臨んだ。そのあいさつの中で辰ちゃんは天草振興発展のためにこの二年間共に汗を流し、苦労を共にし、それぞれの司々《つかさつかさ》で尽力してくれたすべての職員にその労《ねぎら》いと感謝の誠を述べるのだった。

その翌日、四月一日が土曜日で休日であったので辰ちゃんは心の赴くままに県事務所に行き、独り二年間過ごした所長室に入ると、そこで最後のお別れの一礼をして室を後にした。所長公舎に戻った辰ちゃんは舎内や庭の清掃をする。それが済むと最後まで残っていた引っ越しの荷物を車に運び入れた。その上で公舎の玄関に立つと、ここでも二年の歳華お世話になったお礼を述べて低頭する。こうして辰ちゃんは家族の待つ熊本市の自宅へと自家用車を運転してゆくのだった。

帰路辰ちゃんが運転する車の前方には、天草の山海の景色がその双眸《そうぼう》に次から次へと飛び込んでくる。そこにはなつかしい思い出とともに、この地を去ることの一抹のさみしさが辰ちゃんの心を打つ。やがて車は天草五橋に差し掛かった。ここが本土への道の天草の最果ての地、終点である。

辰ちゃんは車を降り、近くの新緑滴《したた》る小高い丘に登る。頂上に立ち頭《こうべ》を巡らして振り返る。そこには天草の大小の島々が碧海《へきかい》の間に間に美しい彩りを見せている。画裏《がり》のような幽玄な勝景に見ほれる中、辰ちゃんはこの天草での二年間のさまざまな労逸《ろういつ》の日々のことを思い返していた。苦楽の毎日であったが、今はなぜか特に苦しかったこと、悲しかったことの方が多く思い出されてくる。辰ちゃんは何とかこの悲憤慷慨《ひふんこうがい》の心を払いのけ、浩然の気を取りもどそうと陽春の淑気を胸一杯に吸って心意気を奮い立たせるのだった。すると何ぞ図らん！　にわかに将来への明るい希望が辰ちゃんの背を押してきた。辰ちゃんは目覚めた自分の士気を大いに鼓舞する。こうして辰ちゃんはいつもの気力が全身に湧き上がってくるのを覚えるのだった。県天草事務所長としての労逸の日々を今静かに振り返るとき、その毎日が〝人の世は短くして意は常に多し〟の人生のほんの一こまの心の浮沈のときであったかのように思えたが、辰ちゃんはこれからもあるであろう千辛万苦《せんしんばんく》に対して、自ら何とか打ち勝ち乗り越えて、与えられた吏員《りいん》としての正道に背かぬよう努めねばならないとの思いが胸に迫る。加えて我が人生において世のため人のためにも尽力し、その上で自らも自信と誇りを持ち、元気で楽しい人生であるよう奮励努力しなければならないとの思いが募ってくる。

辰ちゃんは襟を正すと、沈んだ心を元気に楽しくしてくれた天草の韶光《しょうこう》の差す天地に向かって感謝の誠を捧げんと深々と頭を下げるのだった。顔を上げ自然体に返った辰ちゃんの眼間《まなかい》に春の青空の中、一片の白雲が泰然として浮かぶ姿があった。それを見詰める辰ちゃんの心にはいつの間にか〝青雲の志〟が静かに燃え続けていた。

14　企業局次長に就き、局長を補佐し県営企業の推進に尽力

熊本県天草事務所長退任後の平成七（１９９５）年四月一日、辰ちゃんは知事から企業局次長の辞令を受けた。

辰ちゃんが就任した熊本県企業局の主な県営事業を掲げると、

一、県営水力発電所の管理運営…藤本・市房・緑川の各発電所

一、県営工業用水道の管理運営…有明・八代の各工業用水道

一、県営有料道路の管理運営…阿蘇登山・菊池阿蘇の各有料道路

一、県営ダムの管理運営…都呂々（苓北町）ダム

一、県営有料駐車場の管理運営…熊本市有料駐車場

以上が現在の熊本県企業局が管理運営している主な県営事業である。

辰ちゃんは企業局次長として局長を補佐し、企業局職員と一体となって県営事業の最適な管理運営に努め、更にはそれら企業の経営改革改善、新規事業の開発に向けて精力的に励む毎日が始まった。ここではそれら県営事業の細部にわたる事業内容や、辰ちゃ

んの次長としての職務遂行についてはあまりにも事務的になるので割愛することにしたい。

さて、四月に企業局次長に就き局長を補佐して県営企業の管理運営に励んでいた辰ちゃんは、局長の命を受けてその年の九月下旬から二週間の日程でアメリカ合衆国に海外出張することになった。その目的とするところは「海外での公営企業を視察し、企業局の新規事業開発に資する」ことである。その米国での主な視察先はワシントン・ニューヨーク・サンフランシスコである。これらの訪問先では現地在住のＪＴＢの社員が視察先を案内し、その訪問先での通訳に当たることになっている。

その米国での具体的な視察内容は、

一、高齢者のための公的住宅の確保
　高齢者向けに提供する公的住宅の現況と課題
　ケア付き公的高齢者住居の運営の仕方
一、公営美術館、博物館など公営施設の整備運営
一、都市公園の整備とその管理運営

一、施設を活用した観光事業の新規開発とその運営
一、資源ゴミの再処理活用策の進め方

などであった。米国出張に際して辰ちゃんはこれらの事柄について多くの文献を読み、その上で各事例の研究を積み重ねることで、その予備知識とするのだった。

こうして出張した米国では、ＪＴＢ在留社員の案内のもと、辰ちゃんは県企業局の新規開発事業に向けたその可能性について熱心に視察研修してゆく。視察訪問先で辰ちゃんは責任ある担当者から当該事業内容について十分説明を受け、意見交換して内情をよく理解する。その上でケースによっては現場の見学もする。かくして米国での実り多い視察を続ける辰ちゃんであった。

そうした視察研修の中で、仕事とは別に各訪問先の各都市で特に辰ちゃんの印象に残ったことがあった。

辰ちゃんが最初に訪れた首都ワシントンＤＣは緑も多く美しく、整然とした都市であった。

ニューヨークでは大通りを挟んで摩天楼のような高層ビル群に驚く辰ちゃんである。

サンフランシスコは坂の多い都会で、その中に建物が密集しており、ついつい日本の長崎市の風景を思い浮かべながら視察を続ける辰ちゃんである。

こうして各都市を訪ねた辰ちゃんは、計画に添った視察研修を終え、帰国の途へと着くのだった。帰国した辰ちゃんは海外出張で得た知識を局長をはじめ、職員に報告説明し、またそれをもとに新規開発事業の検討に精力的に取り組んでいた。その検討内容については機会あるごとに局長をはじめ職員に報告し、その可能性を探ってゆくのだった。

それでは辰ちゃんが企業局に在職した二年間の中で従来の多岐にわたる業務の傍ら、局長指示のもと新たな県営企業への挑戦、そのための新規開発事業の可能性を探る調査研究、そしてその実現に向けた取り組みでの主な事柄を列挙してみよう。

一、局長発案のもと、熊本市西方に聳《そび》える金峰山（六六五㍍《メートル》）に「ロープウエー」を整備する。その可能性調査

一、ケア付公的高齢者住宅建設に係る調査

一、廃棄物利用（ＲＤＦ燃焼）での発電事業化への取り組み調査

一、水上村での新たな「笠振水力発電所」の竣工、そして運転開始

一、風力発電所建設のための適地調査
辰ちゃんは既存事業の適正な運営やその推進を図る傍らでこうした新規開発事業の検討なども局長を補佐し、次長としての職責を果たすべく尽力する毎日が続く。

それではここらで一休みして辰ちゃんが企業局次長としてその責務を果たすべく全力投球する一方、日常生活での人生を元気に楽しく、そして充実した日々とするための余暇活動を辰ちゃんの〝こぼれ話〟として書き下ろしてみよう。

☺辰ちゃんの〝こぼれ話〟その（一）

辰ちゃんの趣味の一つがくだんの通り詩吟である。また、その詩吟に合わせて主として剣を用いて演舞するのが剣舞である。辰ちゃんはその勇壮に舞う剣舞にも興味を持ち、その道場に通い練習に励んでおり、今では詩吟と同様に師範の免許皆伝の域に達している。

辰ちゃんは吟詠では「熊本県職員吟詠同好会」の会長である。この同好会は昭和四十八年に県職員や県警、県教委の職員で結成され、約百人ほどの会員で構成されている。この同好会は毎年、春と秋に発表会を開催しており、日頃の練習の成果をいかんなく発揮する大会となっている。その他、辰ちゃんは同好会の会員と老人福祉施設などを訪問し、その会場で詩吟や剣舞などを披露して入所者の笑顔に応えるボランティア活動にも力を入れるのだった。

閑話休題

さて、四時《しいじ》はゆく河のごとく移り行き平成七年が暮れ、平成八（1996）年の新年を迎えた。新玉の年を迎えた辰ちゃんは企業局の仕事の全般も十分理解ができ熟知し、その上で次長の責務に専念する毎日が続いてゆく。

それではここでまた一服して辰ちゃんの仕事の傍らでの余暇活動を〝こぼれ話〟として続けてみよう。

☺辰ちゃんの〝こぼれ話〟その（二）

春四月、陽春の暖かさに誘われて、あちこちで桜の花が満開となった。その吉日、辰ちゃんは県庁の勤務を終えた夕刻、県庁北隣にある熊本武道館の柔道場にいた。柔道二段の黒帯を締めた辰ちゃんは、五十五歳の高齢になっていたが、昔取った杵柄《きねづか》を思い起こして体をいたわりながら柔道に励むことにした。それは心身両面にわたっての健康を保つための励みでもあった。

辰ちゃんは、自宅から持ってきた白衣を着て黒帯を締めると、思わず〝青雲の志〟に燃えていたあの若いころの練習の意気込みが蘇ってくる思いである。早速、準備体操をして若人の肩を借りての〝打ち込み〟、そして〝乱取り〟に熱中してゆく。外は桜の花を散らす料峭《りょうしょう》とした春風が吹き、その気が肌にふれてうすら寒ささえ感じる季節であるが、辰ちゃんが練習に打ち込み柔道に励んでいると、次第に体中がほてってきて全身に汗をかいてゆく。

その日の終了時間となり、練習生は襟を正し、正座して神前に、そして先生に礼をして柔道の稽古を終えた。辰ちゃんが皆に別れのあいさつをして館外に出ると、庭の桜の花が薄暗い中で紅雲となって連なって見える。その上の宵やみの空に一痕《いっこん》のおぼろ月が出ていて、柔道で元気回復した辰ちゃんを褒《ほ》めるかのように照らすのだった。

☺辰ちゃんの〝こぼれ話〟その（三）

さて、辰ちゃんは先にも述べたが余暇を利用して趣味の詩吟と剣舞の練習に励んでいる。その詩吟と剣舞の大本《おおもと》となるのが知ってのとおり、漢詩である。このため詩吟と剣舞の出来栄えの一つがその本となる漢詩の詩情表現をいかに上手に吟じ、舞うかにかかってくるのだ。このため辰ちゃんは詩吟や剣舞を始めるに当たっては、その本となる漢詩を十分に熟読玩味して、その詩の内容を良く理解した上で練習に取り掛かることにしている。

ところでかくいう漢詩は、限られた字数の中で作者の詩情を十分表現したいがために難解な漢字が用いられていることも多い。また作詩上の法則もあって、その解釈は尋常ではない。そうしたことから辰ちゃんは漢詩を解読、理解するために漢詩作法を基本から学びたいとの願望があった。その機会が訪れたのだ。県庁の東方に熊本市東部公民館があり、その講座の中で「漢詩入門」の講座が開かれていた。辰ちゃんは惜春の時季を迎え、街路樹のイチョウ並木が芽吹き、草木が百花繚乱《りょうらん》となる四月下旬にその「漢詩入門」講座（月二回、土曜日の午後）の受講生となり、漢詩作法の勉強に励むことになった。

こうして辰ちゃんは仕事の余暇を利用して詩吟、剣舞をそれぞれの道場で習い練習し、熊本武道館では柔道に励み、更には熊本市東部公民館での「漢詩入門」講座に出席しての漢詩作法の勉強が始まった。なお、そのころ辰ちゃんは柔道であまりにも張り切りすぎて「左肩鎖《けんさ》関節脱臼」をして病院治療する一幕もあった。

閑話休題

くだんの余暇活動に努める日常生活の中で、辰ちゃんは本分本業である企業局の仕事では局長を補佐し、その職責を全うすべく奮励努力しながらその任務の遂行に尽力する毎日である。

かくして平成八年が暮れ、平成九（1997）年丁丑《ていちゅう》（ひのとうし）の新年を迎えた。県庁では四日が土曜日に当たり、二日遅れの一月六日に「仕事始め式」があり、その後企業局でも職員が互いに笑顔で新年のあいさつを交わすと早速、仕事に取り掛かるのだった。

辰ちゃんは新玉の新年を迎え、一段と心意気を引き締め、いつも緊褌一番《きんこんいちばん》の思いを込めて局長を補佐しながら県営企業の推進、その改革改善に努め、更には新規事業の開発に精力を傾注してゆく。その余滴として辰ちゃんは〝忙中閑有り〟の言葉どおり、忙中の中にあっても積極的に余暇を見いだしては趣味の詩吟、剣舞、更には漢詩作法の勉強に励み、また心身の健康を保つための柔道で汗を流している。

こうして月日は過ぎ、春三月を迎えた辰ちゃんには心胸《しんきょう》を盪《ゆるが》す栄転が待ち受けていた。

15　熊本県東京事務所長
～駑馬《どば》に鞭《むち》打つ一官吏～

企業局次長を二年間務めた辰ちゃんは平成九（１９９７）年四月一日付で知事から熊本県東京事務所長を拝命し栄転することとなった。辰ちゃんにとっては実に三回目の県事務所長である。ただ仕事の業務内容は今までと大きく異なる。県内にある各県事務所は主に管内の市町村行政の指導や県営事業の推進等であるが、この県東京事務所は、

一、県行政に関わる政府機関等との連絡や折衝、更には国を中心とした首都圏における地方行政に係るさまざまな情報の収集をし、そこで知り得た事柄をいち早く県庁の各部署に伝えて政策に役立てることなど

一、首都東京という地の利を生かした企業誘致、観光宣伝、県産品の販路拡大を図ることなど

概して述べればそのようなことが主な業務となっているのだ。

この業務推進を図るに当たって熊本県東京事務所は二カ所に事務所を持ち、それぞれ

が役割を分担してその業務に当たっている。県東京事務所の行政の本体ともいうべき総務課、行政課からなる事務所はこれまで「都道府県会館」（千代田区平河町）の中にあったが、この会館が古くなり、老朽化したためその会館を取り壊し、新しい会館の建設が現在進められている。このため辰ちゃんが所長として赴任した先は千代田区丸の内にある東京都の丸の内庁舎三階を借りて一時的に業務を遂行している仮事務所であった。一方県勢発展のための企業誘致、観光宣伝、県産品の販路拡大などの実働部隊としての事務は東京銀座にある銀座熊本館内にある広報経済課、企業誘致課、熊本県物産振興協会がその役割を担って活動している。

県東京事務所の職員はその両事務所の職員のほか、国の各省庁や各種団体等に研修生としてそれぞれ派遣されており、それらの職員も多くいて、その職員を含めると総勢三十七名である。これら辰ちゃんをはじめとする職員の主たる住居は東京都港区三田にある熊本県の職員宿舎である。なお、辰ちゃんは前回同様、熊本の自宅に老齢の義母がいて妻がその面倒を見ており、今回も単身赴任であった。

記述が後先になったが、四月一日に知事から熊本県東京事務所長の辞令を受けた辰ちゃんは、前職である企業局次長の事務引き継ぎを済ますと翌日の朝一番の東京行きの飛行機で、引っ越しの手伝いをしてくれる妻と共に東京へと向かった。

東京に着いた辰ちゃん夫妻は、まずは港区三田にある職員宿舎へと向かう。職員宿舎に着いた二人は宿舎内に入り、予《あらかじ》め送っておいた引っ越し荷物から調度品を取り出し、各部屋の適当な場所に配置した。それが済むと二人は遅い昼食を取り、それが済むと妻は熊本へ飛行機で帰るため羽田国際空港へ向かう。一方、辰ちゃんは千代田区丸の内にある熊本県東京事務所に出勤する。事務所では予定されていた午後の時間に合わせて会議室に全職員が集まっていた。辰ちゃんは新入職員などに辞令を交付し、それが済むと早速、全職員を前にして新任所長としてのあいさつをする。

翌日から辰ちゃんは新任所長の名詞を持参して国の各省庁や県選出国会議員の各事務所へ、更には各政党本部へのあいさつ回りが始まる。また、地元新聞や民放テレビ局の東京支社、更には東京熊本県人会会長をはじめとする熊本縁《ゆかり》の要人などへの新任あいさつもあった。

こうして県東京事務所での辰ちゃんの所長としての仕事が緒《ちょ》に就いて進行してゆく。

「豊かさ多彩『生活創造』くまもと」の実現に向け、一丸となって取り組んでいます。

熊本県東京事務所　所長　泉田　辰二郎

今年の4月1日付けで県東京事務所長になりました泉田です。

県人会の皆様には日頃から県勢発展のため、ご支援、ご協力を賜っており、心から敬意を表します。

私は、県事務所長としては3回目でありますが、県東京事務所の仕事は、県内の県事務所が市町村の行政指導や県営事業の推進等を中心とした事業であるのに対し、一言で申し上げるならば、①政府機関等との連絡や折衝、そして情報の収集、②東京という地の利を生かした企業誘致、観光宣伝、県産品の販路拡大等が主な仕事になっています。

今、熊本県では、県民全てが21世紀に向けて志を高く持ち豊かで明るい生活ができるようにと「豊かさ多彩『生活創造』くまもと」を基本目標にした県政を積極的に推進しています。

私達県東京事務所は、その実現に向け、一丸となって業務に取り組んでいるところです。

最近、国政、県政を問わず、行政の在り方が大きくクローズアップされている中で、スムーズな情報の収集を行うことは極めて困難な状況にあります。現在その方策について検討を重ねているところです。

また、ご承知のとおり、銀座熊本館が平成6年10月に改装になり、1階が「くまもと観光物産プラザ」、2階が「くまもとサロン」となり、首都圏における熊本の観光、物産、文化の振興の拠点となっています。立地条件も良く、また館内が明るい雰囲気であることもあって来客者も多く、イベントも多彩に行われています。

県人会の皆様もこの銀座熊本館をご利用いただきいろいろなご意見をお寄せいただくとともに、多くの知人の方々へご紹介をしていただければ幸いです。

企業誘致につきましては、日本経済が依然として不透明な状況であり、なかなか厳しい環境下にありますが、首都圏を中心に、①九州の中心である、②先端産業の集積地である、③人材が豊富である等の熊本が持つ優位性を前面に押し出してPR活動を進めることにより、より一層の企業立地に努めて参りたいと思っております。

以上、県東京事務所の仕事の内容を中心に私の思いを述べさせていただきましたが、まだまだ勉強不足であります。今後、事務内容等について十分研鑽を積んで県勢発展のために大いに頑張って参りたいと思っております。どうか県人会の皆様のご指導、ご協力を心からお願い申しあげます。

辰ちゃんは新任所長としての任務遂行の今の思いを、平成九年七月一日発行の〝東京熊本県人会だより『くまもと』〟で次のように（前ページに掲載）記すのだった。

さて辰ちゃんは少しずつ東京暮らしにも慣れ、毎日元気で事務所に出勤している。その事務所では上述の通り、多岐にわたる仕事が待っている。その仕事のノルマを上げるためにはじっと机上で考え事務処理をすることよりも、一人でも多くの国の各省庁をはじめとする首都圏の要人や関係者に会い、県政に係る情報をいち早く入手すること、また係る現地を訪れたり視察してよくその内情を知り、その上で県庁の各部署に伝えることであった。端的に言えば、事務所を後にして電車やバスなどに乗り、あるいは歩道を急ぎ足で歩いて目的地に向かい、それこそ〝足で稼ぐ〟ことが求められる毎日である。このため新調した靴が三カ月も持たないで廃棄するありさまである。

ところで田舎育ちの辰ちゃんにとって、ここ東京は何とも異次元の世界にいるようであり、その中で辰ちゃんは駑馬《どば》に鞭打つかのようにして関係先を駆け巡り、所長としての任務に努める毎日であった。その傍らで有能な事務所職員らがいて、いまだ仕事に未熟な辰ちゃんを良く助けてくれて、どうにか大過なく業務推進が図られている。

そんな日々ではあったが、自然豊かな熊本の環境とは格別に異なる華の都《みやこ》東京での辰ちゃんは、仕事や生活の中で時折その特異性、異質性に目を見張ることも多い。そこで辰ちゃんは、熊本から遠く離れた東京の現状を少しでも県庁職員の皆にも知ってもらい、東京のことを身近に感じてもらおうと思い立ち、熊本県東京事務所の仕事内容やそこで勤務する優秀な職員の苦労や活躍ぶりを紹介する広報誌の作成に取りかかった。その段取りとして〝東京からこんにちは〟のタイトルで広報誌を発刊し、県庁各課に配布するのだ。辰ちゃんはその広報誌の中で主題とは別にコラム欄を設け、そこに辰ちゃんが東京で経験した多くの中から、特に感動した事柄を余滴として書き込んでいる。このコラムについては、その後、県庁各課の職員からその記事を読んで〝東京が身近になった。面白かった。〟との興がりの便りも多く届くようになった。

それでは広報誌に載った辰ちゃんの東京での心ときめく感動を記したコラム「辰ちゃんの『感動の東京生活日記』から」を繙《ひもと》き、その情趣《じょうしゅ》を〝こぼれ話〟に代わって垣間見ることにしよう。

辰ちゃんの「感動の東京生活日記」から

その1　雲の上から犬の鳴き声が…

東京にもやっと春が来て、草木が競って美しい花を咲かせている春爛漫の4月のある日。あいにくの春雨に打たれながら、ちょっと一杯機嫌で帰っていると、いつもはオレンヂ色の照明に輝いて、浮き彫りに見えるはずの東京タワーが、低くたれこめた暗雲に包まれてその姿が見えない。宵闇も深まり、やっと三田の宿舎に近づいたとき、突然雲の上から犬の鳴き声が聞こえてくるではないか。

いやはや、東京の犬は翼を持って飛んでいるのか。いやいや、これは夢か真か幻か…。

翌朝は、すっかり晴れた青空。ロマンを求めて昨夜の場所に来てみると、そこには東京でも最初の頃できたという高級高層マンションが青空にそびえていた。

昨夜の夢かと思って聞いた雲上の声の主は、そのマンション上層階のお犬様であった。やれやれ、夢はやっぱりはかないもの。今日も元気で仕事するか。

その2　朝からの抱擁

若葉が萌えて、東京での生活にも少し慣れてきた5月のある日。五月晴れの朝の太陽の光をいっぱいに浴び、ルンルンしながら、いつもの道を歩いていく。

東京の朝のラッシュはすごい。人ごみに揉まれて横断歩道の信号待ちをしていると、向こう側の若い男女がいかにも楽しそうに話し合っているのが目にとまる。

青春に燃えている2人の手は堅く結ばれており、顔は今にも重なり合おうとしている。信号が青になり、2人は歩き出す。2人の手はいつの間にかお互いの肩にしっかりとおさまっている。

そして、横断歩道を渡りきったとたん、当然そうなるべきだったかのような抱擁。朝から映画のラブシーンを見ているような変な気分。気が付くと、信号ははや赤に変わっていた…。

その日の夕方。ショッピングセンターに行くと、これも若いカップルが手を取り合って買い物をしている。「ああ…、またか」と思いきや、顔を合わすと同じ宿舎の新婚夫婦。「アッ所長」と、パッと手を離してお辞儀する2人。

やれやれ、熊本にはまだ礼節を重んじる「大和魂」は残っていたな。「ウン、ウン」とこれまた感動することしきり。

その3　壺中の天

公園の木々の緑が一段と深まり、小鳥たちが巣づくりを始める5月のある日、ある国会議員の先生から電話があり、今新宿の劇場で天草の高校を題材にした演劇の公演があっているから見てみては、とのことであった。

早速、地下鉄を利用して新宿駅で降り、その劇場への表示を見ながら人ごみにもまれて通路を歩いていると、突然異様な風景が目に付いた。

そこには幾重にもつらなるダンボールで仕切られた広さ畳一枚半ほどの路上の個室があった。そして、その中で人々はごった返す群衆の視線などものともせず、熟睡し、酒を飲み、読書にふけっているではないか。

ここがあたかも自分の安住の天地であるかのように。いやはや。

華の都東京。女性のスカートはどこまでも短くなり、大胆な女性のモードがまぶしい。目の置き場に困り、キョロキョロしているといつの間にか目が回ってしまうことだってある。

今朝の通勤途中もそうだった。そのとき、そうだ、と辰ちゃんは考えた。何が目に飛び込もうと脇見をせず、まっすぐ前を向いて歩こう。ちょっと状況は違うが、あのホームレスの人たちのように自分なりの壺中の天をしっかりと心に持って。

まぶしさが消え、急に足取りが軽くなった。よしよし。

その4　波間に踊る大魚

辰ちゃんの趣味の一つが詩吟である。東京にやって来て、まず困ったのが大声を出す場所がないことであった。

あちこち探してやっと見つけた場所がレインボーブリッジのある海岸の埋立地。前方には東京湾が一望でき、上を見れば橋桁がつらなり、そこを通過する車の騒音がかまびすしい。

ここなら、どんなに大声を出しても人の迷惑にはならないと、早速休日には早朝、三田の宿舎を出発し、ジョギングで一汗流し、そこでの高吟が始まった。

対岸のビル群が立ち並ぶ臨海副都心との間に横たわる東京湾。昔は「江戸前」と称して新鮮な魚の取れたこの東京湾は今ではすっかり汚れていて、魚はいないものと思っていた。

ところがである。ある朝いつものように詩を吟じ始めると、それこそ30－40センチもある大魚が朝日に銀鱗を輝かせて飛び跳ねだしたではないか。

しかも、辰ちゃんの詩吟に共感し、いかにも楽しくてたまらないかのように！

この感激、この感動。時はゆっくり流れてゆく…。

遠くに釣人の姿が見える。辰ちゃんは思う。魚を悲しませる釣りもいいだろう。でも、魚との共感を得て一緒に遊ぶ、この楽しさはまた格別だ、と。

丹田からの声が一段と大きくなった。♪雲か、♪山か……。

その5 「爪」

熊本の夏は、「赤道直下のボルネオ」並みの気候だといわれているが、東京の夏も結構暑い。昨年から県庁では夏場は、上着なし、ノーネクタイのエコ・スタイルになったが東京では、夏はいただき、とばかりにノースリーブやお臍《へそ》を出した女性が様変わりした下駄を履いて闊歩《かっぽ》している。

そんな女性のほとんどが手はもちろん、足の爪まで染めている。ネイルアートである。

色は500色もあるそうで、色違いに塗ったり、花びらや豹《ひょう》、ミッキーマウスまで登場して描かれていて何と多彩なことか。

マニキュアの中には、輪島塗りのお盆に描かれているような絵柄に小さなダイヤ（模造品と思うが）が点々と施されていて角度によってはピカッと光る。思わずこれでも人の手、と思ってつい顔を見てしまう。

これぞ最先端の流行というのであろうか。ヤレヤレ。

久し振りにお盆の休暇を取り、熊本に里帰りした。家には満92歳になる足が少し不自由な義母がいる。たまには親孝行をと義母の爪を切ってやった。義母はうれしそうだった。

○○―――○○―――○○―――○○―――○○―――

整った義母の爪を見ていると、その爪は明治・大正・昭和、そして平成の世を苦労しながら生きてきた老いた爪ではあったが染めるまでもなく、いまだ自然のままの美しい光沢に輝いてみえた。

その6 「真夏のある日」

8月になり長かった関東甲信地方の梅雨もようやく明け、東京にも太陽の季節がやってきた。待ってましたとばかり、ミイーン、ミン、ミン、ミン、ミイーンとあちこちの木々からミンミンゼミの大合唱が聞こえてくる。

背広にネクタイでの出勤は5分も歩くと汗だくになり、下着が肌にへばりついてくる。これが東京の夏だ、と自分に言い聞かせながら歩いているとアスファルトの車道にセミが仰向けになって死んでいる。

辰ちゃんは昔を思い出した。小学生の頃、熊本の郷里では梅雨明けが近づくと、まずニイニイゼミが鳴きだし、しばらくしてアブラゼミが、次いでクマゼミが鳴きだし、そして、夏休みの宿題をせきたてるかのようにツクツクボウシが鳴いていたな、と。

東京では、今年は異常気象のせいでもあろうか、ミンミンゼミの声ばかりが聞こえてほかのセミの声をあまり聞かない。

路上のセミもきっとミンミンゼミであろう。そのセミももうすぐ車に轢《ひ》かれてしまうのか…。


人目があり、ちょっとはずかしかったが辰ちゃんは、そのセミをサッと掴《つか》むと塀の向こうの大木の方に放ってやった。すると、死んでいたセミが生き返ったのか、最後の力を振り絞り、安らかな永眠の場所を求めて空高く羽ばたいたのである。

一瞬、辰ちゃんの心は輝き、喜びに満ちた。

その日は、湿度の高い暑い真夏の一日であった。でも、辰ちゃんの心は日がな一日、爽快だった。「セミさん、どうもありがとう」。帰路、その場所に来て、そっとつぶやいた。

その7　食事の行列

東京の料理情報誌が行った全国の1998年産「新米」食味会で「菊池川流域米七城のお米」が新潟産のコシヒカリなどを抑えて、一昨年に続いて堂々の1位に輝いた。香り、甘み、食感などが特に良かったようである。

東京での生活で郷里熊本のありがたさを強く感じるものの一つが水と食べ物である。

昼時、少しでもおいしい食事をと事務所の近くの有楽町や銀座界隈の店に行くことにしている。銀座で食事をと言うと聞こえはよいが、当たりはずれも多く、熊本のあの新鮮な野菜や魚、美味なごはん、そしてミネラルを含んだ水が時々懐かしく思い出される。

ところで、東京でおいしい店と評判の所はたいてい並ばなければ食事にありつけない。1月の寒い日であったが、久しぶりにカレーが食べたくなり、職員と一緒にカレー専門店に行った。並んでいる。やっと順番がきて、席に着き食事をする。味は評判どおり美味であった。食べ終わって一息つこうとお冷やを一口飲んで顔を上げると入り口の行列がさらに長い帯になっているのが見えた。息つく暇もなく席を立った。

辰ちゃんは思い出した。熊本のある鄙《ひな》びた町の飲食店でチャンポンを食べたとき、味はおいしいチャンポンであったが、お客が他にはなく、そそくさと食べ終わって店を出たときのことを。

東京の状況はまるで違うが、評判の店での昼食は食べ終わっての満腹感を感じる時間的ゆとりはまずない。

その日の夕食に郷里泗水町産の養生米を炊き、阿蘇の高菜漬けで食べた。大自然の味が懐かしかった。辰ちゃんはやっとくつろいだ気分になった。

その8　春よこい

立春が過ぎた2月の日曜日は快晴であった。窓を開け、大きく深呼吸をすると陽春の光が優しく頬に当たり暖かく感じる。

辰ちゃんは思い出す。幼い頃、冬の晴れた日にはよく家族の布団を干したことを。

そして家族全員の布団を干すのに屋根の上まで上っていたな、と。

辰ちゃんは早速布団を干すことにし、畳んで入れたばかりの布団を押入れから取り出し、ベランダいっぱいに並べた。

1時間後に辰ちゃんは都営三田線に乗っていた。目指すは春を訪ねて小石川植物園に行こうと思い立ったのだ。白山駅で下車し、歩いて約10分ほどで着いた。ここは日本で最初にできた植物園であり、また貧しい病人を治療する小石川養生所のあったところでもある。

園内の草木は春の開花を前に、冬の寒さにじっと耐えているかのようであったが、日本庭園の梅は百花の魁《さきがけ》をなさんと凛とした花を咲かせていた。水溜まりに薄い氷が張り、霜柱を踏みしめて、散策していると、自然に新島襄先生の漢詩「寒梅」を口ずさんでいた。

庭上の一寒梅、笑って風雪を侵して開く…。

一日が終わり床についた。布団にはまだおてんとうさまのぬくもりが残っていた。

スヤスヤ…。

そこには一本の大きな桜の木があった。その小枝には蕾がいっぱいついていて、その先端は真っ青な天空に向かって伸び、太陽の光に輝いていた。

辰ちゃんはそっと呟いた。「春よこい」。するとパラパラといくつかの蕾が見る見るうちに美しい花を咲かせた。辰ちゃんは感激のあまり心のトキメキを感じた。そしてもう一度「春よこい」と言った。すると待っていたかのように一斉に花が咲き始めた。辰ちゃんはうれしさのあまり万歳をして大声で「春よこい」と叫んだ。

目が覚めた。

窓は早春の光がさし、小鳥たちの春を呼ぶ歌声があった。

広報誌「東京からこんにちは」で辰ちゃんは東京生活の中で大いに感動した事柄の数々を既述のとおり、そのコラム欄に記している。なお、それらのコラム欄に掲載されていない感動の出来事も数多くあった。そこでその幾つかを辰ちゃんの〝こぼれ話〟として月日を追って紹介してみよう。

☺辰ちゃんの〝こぼれ話〟その（一）

（平成九年八月吉日）

辰ちゃんは休日を利用して若者の集う渋谷の街に出かけた。そこで目についたのが、浴衣掛けで足のつめを色鮮やかに染めたうら若き女性の素足のファッション姿である。彼女たちはその足のつめを浮き立たせるためか下駄《げた》ばきが多い。辰ちゃんは昭和のころの若き青春時代を思い出す。そのころ辰ちゃんは青春を謳歌《おうか》して、それこそ道行く先で下駄をはき鳴らして闊歩《かっぽ》していた。でも彼女らの履いている下駄は辰ちゃんが当時履いていた下駄とはだいぶ様子が違っている。よく見るとその下駄は底がぶ厚く、裏にゴムが張ってあったりして音の出ないものが多く、辰ちゃんの若きころのカラコロからペタペタに変わっているのだ。ふと我が青春時代の意気な姿を思い出した辰ちゃんは、これも時代の変遷かと、ひたすらその思いを巡らす一刻《ひととき》である。

☺辰ちゃんの〝こぼれ話〟その（二）

（平成九年八月吉日）

残暑厳しい日の夕刻、辰ちゃんは港区三田にある職員宿舎に帰った。辰ちゃんの住居はその二階にある。階段を上り、入り口のドアの鍵を開けようとしてふと鳥の声に誘われて頭《こうべ》を巡らすと、前方には高い塀越しに慶応義塾大学のグラウンドが広がっている。そのグラウンドの一角にある同大学綱町武道館の前に三人の厳《いか》めしい姿の警備員が立っているではないか。辰ちゃんは新聞の「首相の動静」欄の記事を読んで知っていた。橋本龍太郎首相がその武道館に剣道の稽古に来ていることを。

今政府は「行政改革会議集中審議」のヤマ場を迎えている。そうした中での、いやそうした中だからこそ首相は、剣道の稽古で汗を流し、心身をリフレッシュして元気を回復し、難題に取り組んでおられるのであろう、と辰ちゃんは推察する。その上で辰ちゃんは首相の〝忙中閑あり〟、その人生の心意気を見習うべきだと思うことしきりであった。

☺辰ちゃんの〝こぼれ話〟その（三）

（平成九年九月吉日）

辰ちゃんは霞ヶ関にある会計検査院を訪ねようと事務所を出て、地下鉄日比谷線に乗ろうと駅に下り電車を待った。すると中年のおばさんからお声がかかった。

「この地下鉄は『銀座』へ行きますか？」と。辰ちゃんは「はい」と答えようとしてやめた。やめてよかった。どうしてだか分かりますか？　だって地下鉄に乗り込もうとして待っているこの駅が「銀座」でしたから。離れて駅のホームにいた彼女の友だちが途方に暮れているおばさんにさかんに手を振って〝早くおいでよ〟と叫んでいる。

☺辰ちゃんの〝こぼれ話〟その（四）

（平成九年十月吉日）

今日は休日である。キンモクセイの甘い香りが職員宿舎の内外に漂う中、辰ちゃんは一人閑静な宿舎で書類の整理に励んでいた。この宿舎には二十世帯が住んでおり、皆がつましい暮らしであるが助け合い、励まし合いながら楽しい宿舎生活を送っている。なお余談になるが、この宿舎に入れなかった他の職員はそれぞれ都内で住まいを借りて生活をし、通勤している。

　ところでこの職員宿舎の家族には小中学校に通っている児童、生徒のいる家庭も多い。その家庭のほとんどが区の所得水準と比較して低いため、区役所が定めた準要保護世帯の認定を受けていた。このため、その認定を受けた家庭では区役所から児童、生徒の学校にかかる費用が援助されており、学用品の購入費や給食代等が無料となっている。その場合、子供たちに卑屈な思いをさせないとの計らいで、それらの区役所からの就学援助費は一括して親に支給され、その金で子供自らがそれぞれの費用を支払うことになっている。

　このように経済的には決して裕福でない世帯の集う職員宿舎であるが、夕方になるとあちこちから奥さんたちの楽しい笑い声が響き、子供たちの元気な遊び声が辰ちゃんの耳に飛び交って聞こえてくるのだった。

☺辰ちゃんの〝こぼれ話〟その（五）

（平成九年十月吉日）

辰ちゃんは運動不足を解消しようと時折、港区スポーツセンターに行き、水泳を楽しんでいる。辰ちゃんは近視でメガネの恩恵を受けて視力を保っているが、水泳ではそのメガネに代えて度の入っていない水中メガネに替えて泳ぐことになる。このため水泳では視界が明瞭《めいりょう》ではない。

ところで港区スポーツセンターのプールでは例のごとく男女がともども一緒に泳いでいる。そんな中、辰ちゃんが25メートルのプールの中を泳いでいると、先方にすばらしい肉体美の女性がスイスイと泳いでゆく姿があった。辰ちゃんはその姿に魅せられて懸命になって泳ぎ、やっとゴールインして休んでいるとすぐ近くにかの女性がいて、友だちとの楽しい会話が聞こえてくる。何と孫の話である。

辰ちゃんは当てがはずれ、がっかりする一方で〝自分の歳のことも考えなくては〟と反省することしきりである。

閑話休題

さて辰ちゃんは毎日、県東京事務所の業務推進に奮励努力していた。そんな中で話が後先になったが、辰ちゃんは五月と十月に特別な出来事に遭遇していた。ここでそのことを記しておこう。

◆僥倖《ぎょうこう》、皇室との会見

その（一）（平成九年五月十七日）

「一九九七年男子世界ハンドボール大会熊本」に伴う高円宮殿下・同妃殿下の熊本へのお成りに際し、辰ちゃんは羽田国際空港の特別出入り口でお見送りのための挨拶をする。すると殿下は辰ちゃんを見てにこやかにうなずき、その後、

「熊本の天気はどうなの」

とのお言葉があった。辰ちゃんは思いもよらぬご質問に途惑い、一瞬東京の曇り空を見て、「ここと同じような天気だと思います」

と答える。

殿下が「ＶＩＰ」ルームに向かわれた後、辰ちゃんは同伴して来ていた部下を通して熊本の天気を知るため、熊本県庁秘書課に電話をかけ、問い合わさせた。するとその答えは「熊本は雲一つない晴天である」とのことである。辰ちゃんは意を決して、しばらくして「ＶＩＰ」ルームから出て来られた殿下に会い、その旨を伝える。すると殿下は、

「そう」

と、にこやかに答えられる。そして両殿下は出発ゲートへと向かわれた。辰ちゃんはその後ろ姿に一息の安堵とともに、何とも親しみやすいお二人だなあ！　と感じながら、自らも笑顔でお見送りをするのだった。

その（二）（平成九年十一月七日）

「平成九年度（第三十六回）農林水産祭」が東京国際展示場で開催された。その会場に皇太子殿下・同妃殿下のご視察があり、両殿下は各県の展示の品々をご覧になって会場を巡られる。

やがて辰ちゃんが立つ熊本県の特産物「いぐさマット」の所にお出でになった。両殿

下をお迎えした辰ちゃんは襟を正すと、その出品について誠意を尽くして説明する。両殿下は辰ちゃんの説明に時折肯《うなず》かれながら、熱心にお聞きになり、説明が済むと辰ちゃんに笑顔を送られ、満足のご様子で次の県の展示コーナーへとお移りになった。辰ちゃんはそのときの両殿下のお別れの笑顔がとても優しく感じられるのだった。と同時に、ほっとする辰ちゃんである。

◆◆◆◆◆

さて、歳序《さいじょ》は移り行き、平成九年も木枯しの吹く季節となり、街路樹をはじめ、落ち葉して裸になった木々のこずえが冬空の夕陽に映える師走を迎えていた。辰ちゃんはこれまで未熟な仕事に追いまくられ、駑馬《どば》に鞭《むち》打つようにして働き続けていたが、このころになると県東京事務所の仕事にも慣れ、自らの判断で自在に行動がとれるようになった。

それではここで辰ちゃんを先頭にした職員の県東京事務所の仕事の概要を業務内容に添って述べておこう。

一、政府機関等との連絡折衝、そして国政の中での県政に係る情報の収集では、国の各省庁の中で因《ちな》みに辰ちゃんが所長就任当初、あいさつ回りに出向いた機関を例にして順番に列挙すると、建設省、運輸省、大蔵省、国土庁、環境庁、労働省、厚生省、農林水産省、会計検査院、文部省、自治省、通産省、郵政省、総務庁、経済企画庁、総理府などであった。

辰ちゃんはこうした政府機関に出向き、県政との係わりのある事柄について連絡折衝を行うとともに、いち早く国政での県政に係る情報の収集を図っている。その上でそこで知り得た事柄は、県庁の各部署に伝えて政策に役立ててもらうことにしている。

一、県選出の国会議員をはじめとする首都圏における熊本に係る要人との懇談では、議員会館などに出向き、県選出の国会議員の事務所を訪ねては政府機関と密接な関係にある議員各位と懇談する中で、県政に係るさまざまな情報を入手する。一方、首都圏における熊本ゆかりの要人とも努めて会合を持ち、情報を得ることにしている。ここでも入手した情報は、いち早く県庁の各部署に伝えることにしている。

一、企業誘致では、
各企業の本社が集まる首都圏の各社を訪問して、企業立地に当たっての熊本の利点などを十分説明し、その企業の熊本への誘致を図っている。
一、観光宣伝では、
首都圏でのマスコミ関係を中心に観光関連機関を訪ねて熊本の自然や歴史、文化、そして美味な食べ物などを紹介し売り込み、全国から熊本へ多くの観光客が来るよう、その観光宣伝に励んでいる。
一、県産品の販路拡大では、
各東京都中央卸売市場、例えば築地市場、大田市場、各食肉市場、各木材市場などの視察をし、その取り扱い状況を調べて回る。そこで得た情報については機会あるごとに県庁の関係各部に報告している。更に、県産品の販路拡大のためのアンテナショップとしての「銀座熊本館」を活用して、大いに県産品の広報宣伝に力を入れている。そのため同館では県産品フェアなどの開催が頻繁に実施されている。
一、その他

(1)知事や県議会議長などの東京出張に際しては、その都度、関係機関等と連絡調整を密に行い、業務遂行がスムーズに図られるようにしている。

(2)県が行う政府機関等への各種要望書の提出に際しては、その連絡調整を担当する。特に翌年度政府予算に係る県への予算獲得のための要望に当たっては、県東京事務所はその拠点として総力を挙げて政府機関等との連絡調整に尽力する。

以上のような多岐にわたる事業が県東京事務所の責務として課せられていた。辰ちゃんをはじめ、事務所の職員は一丸となって日夜、その業務遂行に努める毎日である。

こうして平成九年も暮れ、平成十年寅《とら》年の新春を迎えた。一月四日が日曜日とあって、五日、月曜日に事務所の「仕事始め式」をした辰ちゃんは、早速政府機関である各省庁等への年始のあいさつ回りに出かける。かくして県東京事務所の多忙な毎日が続いてゆく。

それではここらで一休みして平成十年寅年を迎えて月日が過ぎゆく中、前年同様辰ちゃんの感動の〝こぼれ話〟のあれこれを列挙することにしよう。

☺辰ちゃんの〝こぼれ話〟その（六）

（平成十年四月吉日）

桜の花咲く四月の休日の朝である。辰ちゃんは土、日曜日の朝はいつも身体の健康を願って宿舎からレインボーブリッヂまでジョギングで汗を流している。そのジョギングの前の準備体操を宿舎の近くの児童公園ですることにしている。

今朝もその公園に準備体操に行くと春がすみの中、若い男女がベンチで抱擁している。辰ちゃんはその光景に最初は〝アレー、お楽しみだなあ！〟と興味を持っていたが、体操をしだすと終わりまで二人のことはすっかり忘れてしまっていた。東京生活一年を過ぎた今のこのナレに辰ちゃんは感心することしきりである。

☺辰ちゃんの〝こぼれ話〟その（七）

（平成十年六月吉日）

東京熊本県人会の総会が都内のホテルで開催され、辰ちゃんは来賓として出席する。その後、懇親会が開かれた。辰ちゃんはこうした首都圏での会合の後の懇親会の酒宴の席に参列する機会も多くある。

その宴会等での〝中ジメ〟は熊本では普通「万歳三唱」が主流である。ここ関東では〝関東の一本ジメ、または関東の三本ジメ〟がよく行われる。

また地下鉄などにある駅のエスカレーターに乗ると、急ぐ人のために片側を空ける習慣は、大都市のどこにでも見受けられる。ところが土地柄でそのどちらを空けるかが異なっている。東京は右、大阪は左である。辰ちゃんはこれらは一例にすぎないが、地域には特異な文化、習慣がそれぞれ根付いているものだと感じ入ってしまう。

☺辰ちゃんの〝こぼれ話〟その（八）

（平成十年八月吉日）

季節は移り、酷暑の夏である。辰ちゃんは毎朝、宿舎から田町に出てＪＲ東日本の電車に乗り、有楽町で下車し、仮の事務所である東京都の丸の内庁舎に通い勤務している。これまで事務所としていた都道府県会館が老朽化し、現在新館が建設中で、この東京都の丸の内庁舎が仮の事務所になっているからである。

ところが今年の五月、その東京都の丸の内庁舎の敷地で、空き地になっていた南側にこれまた宝塚の仮設の劇場〝一〇〇ｄａｙｓ劇場〟なるものがオープンし、多くの客（大方が女性）で賑わっている。敷地の中央にある丸の内庁舎に入るため、辰ちゃんをはじめ、事務所の職員はその仮設劇場に沿って造られた通路（劇場とはフェンスで遮断されている）を通って行く。

一方、宝塚のスターたちも庁舎の入り口で車から降り、その同じ通路を歩いて奥にある劇場の楽屋へと入ってゆくのだ。このため劇場開演当日になると、その通路を行くスターの姿をカメラに収めようと、朝早くからその通路は多くの宝塚ファンの女性が集まり、シャッターチャンスを狙っている。

こうした中、辰ちゃんは今日も各省庁等に出向くため、手に重い鞄を提げて事務所を出てその通路に出た。するとその通路には行き違いに劇場に入る多くの宝塚スターとの出会いがあった。そのとき辰ちゃんは思わず驚いた。なんと夏の炎天下のもと、焼けた通路のアスファルトの地べたに暑さに耐えながら、直接座って通路を行くスターの写真を撮ろうとカメラを持つ女性でごったがえしているではないか。辰ちゃんはその暑さに耐えてカメラを持つ女性の姿を見て、自分はこの暑さの中ではとても五分と持たないだろうと感心してしまうのだった。

それにつけても辰ちゃんは多くのスターと行き交いながら多くのカメラが向けられた中を行くとき、こともあろうか、自分までがスターになっているかのような気分になり、ときには感動と心のトキメキすら覚えるのだった。もちろん、辰ちゃんへのシャッターの音は皆無である。それに引き替え、辰ちゃんと行き交う多くのスターが大勢の歓喜の中でシャッターの音を浴びて劇場へと消え行く姿を見て、ふと辰ちゃんはこう思うのだった。

〝この通路を通って劇場の華麗な表舞台に立って蝶《ちょう》のように優雅に舞う人がいるかと思えば、はたまた自らのように国の各省庁等に出向くためにガード下の暗がりの中を地下鉄の駅へとモグラのようになって行く人もいるのだな！〟と。

でも辰ちゃんは気を取り直し、

「今日も頑張るぞ！」

と自分を鼓舞して地下鉄に乗り込むのだった。

☺辰ちゃんの〝こぼれ話〟その（九）
（平成十年八月吉日）

東京の夏も熊本同様に暑く、毎日が流汗淋漓《りゅうかんりんり》の三伏《さんぷく》の夏が続いている。熊本県東京事務所ではこの時期、知事や県議会議長をはじめ、県幹部が来所して、熾烈炎氛《しれつえんぷん》の中で国の予算編成に際しての各省庁への県の要望が連日、繰り広げられていた。

その合間をぬって、知事が辰ちゃんを昼食に鰻を食いに行こうと誘ってくれた。知事は以前、大蔵省の幹部職員として、また国会議員としての在職が長くあり、東京生活に慣れていて東京の食通にも明るい。

知事が案内した鰻料理店はあまり大きい店ではなかったが、きっと有名な店なのであろう。待ち合いの長い行列ができており、知事を先頭に辰ちゃんと知事の秘書三人が並ぶ。こうして待つこと久し。やっと順番が来て店に入り押し合い、へし合いの中で席に着く。知事が鰻料理の注文をする。しばらくして鰻料理が配膳された。辰ちゃんはおもむろにその料理を口に入れる。味は特上で、辰ちゃんにとっては生まれて初めて食べるほどの美味この上ない食事である。辰ちゃんは知事の配慮に頭の下がる思いであった。

こうして三昧《ざんまい》逸品の鰻料理の味をかみしめながら食べていたが、ふと辰ちゃんが頭《こうべ》を上げて見渡すと店の入り口の方では待ち合いの大勢の人の行列が見える。やむなく三人は早々に食事を済ませて次の客と交代するのだった。

辰ちゃんはそのとき思い出していた。〝単身赴任で県天草事務所長として任務に励んでいた天草時代のこと〟を。それは休日を利用して熊本市の自宅から天草に家族を呼び寄せ、天草観光を案内し、その途次、昼食を本場天草の海の幸、海鮮料理をご馳走したときのことだ。そこでは食事が済んでもその席で、家族の皆が天草グルメの話題で時の経つのも忘れて笑顔で楽しんでいた。そのときのことを思うにつけても東京と天草の落差の大きさをつくづく感じる辰ちゃんであった。

☺辰ちゃんの〝こぼれ話〟その（十）

（平成十年十一月吉日）

青桐《あおぎり》の葉が一枚一枚と落ちて東京に秋が来た。郊外の田畑では稲をはじめとした穀物などの実りの秋である。

そんな折、辰ちゃんは都内のホテルで「東京熊本県人会」の幹部と、当県人会の組織・運営等について懇談する機会があった。その席上で辰ちゃんはお互いの寛《くつろ》ぎを兼ねて二杯のコーヒーを注文した。やがて県人会の幹部との話し合いが済み、辰ちゃんは二人分のコーヒー代を支払うためにレジへと向かう。値段を聞いて辰ちゃんは驚いた。何と一杯のコーヒー代金が千百円である。辰ちゃんはそのとき、地元の新聞記事の中でお米のご飯一食（百グラム）が五十五円ぐらいであるとの記事があったことを思い出していた。この計算でゆくとコーヒー一杯がお米のご飯二十杯分に当たる。

農家出身の辰ちゃんの主食はもちろん、お米が中心である。栄養価が高く満腹感もある。そして何よりも安価である。辰ちゃんは客人と別れてホテルを後にし蕭颯《しょうさつ》として西風の吹く街路を独り歩いていると、今秋もまた稲刈りの収穫時季を迎えてその原風景が、更にはお米のありがたさが思い出されてくる。それにつけても、苦労を重ねて米作りをする稲作農家の人々に対しての畏敬の念さえも抱く辰ちゃんであった。

閑話休題

霜辛雪苦《そうしんせっく》の玄冬《げんとう》の季節を迎えた師走、華の都《みやこ》東京は一段と忙《せわ》しない繁忙の時季となる。

熊本県東京事務所でも師走を迎えたこの時期、昨年もそうであったが、恒例になっている〝平成十一年度政府予算対策本部〟が設置された。知事を先頭に県議会議長や県の幹部などによる国の各省庁等への予算要望が頻繁に行われ、事務所ではその対策のための会議が連日、開かれている。その業務が年末まで続いてゆく。辰ちゃんや事務所の職員は、知事をはじめとする県の要人の政府予算要望に際しての各省庁などへの連絡調整等で目が回るほどの多忙な毎日が続く。

〝忙中閑あり〟ここで一服して辰ちゃんの〝こぼれ話〟を紹介しておこう。

☺辰ちゃんの〝こぼれ話〟その（十一）

（平成十年十二月吉日）

熊本県東京事務所に〝平成十一年度政府予算対策本部〟が設置され、事務所には知事をはじめ、多くの人が出入りする忙しい毎日が続いている。

そんなある日、辰ちゃんは官庁街である霞ヶ関に行こうと地下鉄の乗り場へと向かった。その途次でのことである。都内のJR各駅には必ずといってもよいほど喫煙コーナーが設けられている。その日は玄冬《げんとう》の厳しい寒さが募る朝の早い時間であった。とあるJR駅の喫煙コーナーで若い女性がタバコを旨そうにくゆらしていた。その佳景の中で一陣の北風が吹くと彼女の黒髪がなびきそよぐ中、タバコを持つ手は細く白く繊細で、その口元は真っ赤な紅で染められている。時折、その美人の口を離れたタバコの白煙が冬の愛日の先に映えて青空に消えてゆく。一瞬、その光景に見ほれる辰ちゃんであった。それも束の間、裸になった街路樹に鳴く番《つが》いの寒雀の囀《さえず》りで辰ちゃんはわれに返ると、急ぎ足で地下鉄の乗り場へと階段を駆け降りてゆく。

閑話休題

かくして平成十年が峥嵘世路《そうこうせいろ》の裏《うち》に過ぎ行き、平成十一年の新年を迎えた。

一月四日に熊本県東京事務所は「仕事始め式」を開催し、お互いに今年一年の仕事の目標達成の決意を交わすと、早速辰ちゃんをはじめとする職員は、各省庁や県選出の衆参国会議員会館などに出向き、年始めのあいさつをしながら情報の収集等に専念する。こうして事務所の多忙な毎日が続いてゆく。

さてそれはさておき、ここでまた一休みして辰ちゃんの〝こぼれ話〟に耳を傾けてみよう。

☺辰ちゃんの〝こぼれ話〟その（十二）

（平成十一年二月吉日）

その出来事は百花に魁《さきがけ》て咲く梅の花が一輪、また一輪と咲き始めた二月中旬であった。

辰ちゃんは一日の勤務を終え、JR田町駅で下車し、夕やみ迫る中を港区三田の職員宿舎へと帰途に着いていた。駅の構内を出ると二月の東京は実に寒く、更に独特のビル風が吹き荒《すさ》ぶ。辰ちゃんはこの寒さに思わずコートの襟を引き寄せ、帰りを急ぐ人波でごった返す雑踏の中を前屈《かが》みになり、早足で歩いてゆく。その辰ちゃんの行く手には駅の真正面の大通りを隔てた壁面に大型の動画スクリーンが映し出されていた。そのスクリーンには南国宮崎の都井岬であろうか。海岸に近い草原で伸び伸びと遊ぶ野生馬の親子の姿が映っている。その動画を見た辰ちゃんは、かの懐かしいふるさとの雄大な阿蘇の勝景を思い出す。同時に生き馬の目を抜くかのような殺伐とした東京の日常生活の中にあって、ともすれば見失いがちな人と人との心のふれあいが、そのスクリーンの中の馬の親子を見ていると思い出されてくる。

と、そのときである。突然、辰ちゃんの夢は不思議な光景に出合い、破られてしまった。駅の構内から出て足早に辰ちゃんを追い越して行く年のころ三十歳前後の若い女性が即座にサイフの中の小銭入れを開くと、幾ばくかの硬貨を取り出し、小走りに走り出したのだ。そして彼女は前方を冬の寒い中、コートも着ずにトボトボと歩いてゆくホームレスに近づくと、その肩を二、三度叩いた。驚いて思わず振り返り、立ち止まるホームレス。彼女はそのホームレスの手を取ると、その彼の手に手持ちの硬貨を与え、しっかりと握らせるとサーッと踵《きびす》を返し、もと来た駅の構内へと消え去っていった。

一連の行動をつぶさに見ていた辰ちゃんは思わず頭《こうべ》を巡らせて駅の構内へと去った彼女の後ろ姿を目で捜したが、もうそこには彼女の姿はなかった。でも辰ちゃんの心は小さな喜びと感動を覚え、「素晴らしい。そしてありがとう」と叫びたい気持ちに駆られていた。同時にくだんの通り、殺伐とした東京の街でこのような人への温かい思いやりの心を目の当たりにして、辰ちゃんは東京砂漠の中でオアシスに出合ったかのような、うれしさが込み上げてくる。横断歩道橋の階段を下って路地に降り立ち、ホームレスの彼の姿を目で追ったが、彼の姿も既に見あたらない。そんな中、高層ビルの合間から一《いっ》痕《こん》の皎月《こうげつ》が嬋娟《せんけん》として輝いているのが望まれる。何とそのお月さまが辰ちゃんに、にこやかに微笑みかけていた。

閑話休題

月日は移り行き、東京銀座の柳が浅緑色に萌えてきた。また都内の所々の公園の桜の蕾もだいぶ膨らんでいる。

こうした中で、待望の千代田区平河町に建築中であった「新都道府県会館」が完成したのだ。早速、熊本県東京事務所は三月十二日に今までの仮庁舎であった東京都の丸の内庁舎を出で立ち引っ越しし、三月十五日から新会館十階での業務を開始した。

辰ちゃんは新館の所長室の真新しい机に座り、万感の思いで書類の整理に専念するのだった。かくして三月十八日には知事来所のうえ、熊本県東京事務所開所式が賑々《にぎにぎ》しく執り行われた。折しもその後で知事から熊本県東京事務所職員の定期異動内示一覧が配布された。その筆頭に辰ちゃんの名があった。辰ちゃんは二年間の東京事務所勤務を完了し、公営企業管理者・企業局長として栄転し、本庁に帰ることになったのである。

内示を受け、辰ちゃんは翌日からこれまでお世話になった国の各省庁や県選出の国会議員などの各位に、更には首都圏における熊本ゆかりの要人に転任のあいさつをして回っては、なおも併せて情報収集の任に尽力する。

月末になり、辰ちゃんは事務所職員一同の集合のもと、全職員を前にして転任のあいさつをし、これまでの職員の労をねぎらい、感謝の誠を述べるのだった。

その後、辰ちゃんは宿舎に帰り、熊本から上京して引っ越しの手伝いに来ていた妻と住居の大掃除をする。その上で家財道具を整理し、荷造りすると運送業者を呼んで、熊本の実家への搬送を依託した。一切が済むと辰ちゃんは宿舎の各世帯を巡り、転出のあいさつをして回る。こうして辰ちゃんは事を済ませると妻と共に宿舎を後にして帰途に着いた。

近くの公園を通ると別れを惜しみ、辰ちゃんを見送るかのような桜の花びらが、ちらほらと咲き出している。そのとき辰ちゃんの心境には所長就任当時のことが思い出されていた。そこには田舎育ちの一官吏が日本の首都東京の事務所長として勤務することに幾ばくかの戸惑いがあったのも事実である。そこを辰ちゃんは〝危《き》を乗《しの》ぎて遠く邁《ゆ》く〟の心意気のもとで駑馬《どば》に鞭打ちながら一日一日を奮励努力し、困難を乗り越えてどうにか無事に任務を勤め上げることができたのだ。辰ちゃんは今、東京を去るに際して、通い慣れた都大路の大地を一歩一歩踏みしめながら、その満足感に心をときめかせていた。

こうして思い出深い東京を後にして、熊本に帰るため妻と共に羽田国際空港へと向かうのだった。

16　県庁勤務終章を飾る熊本県公営企業管理者・企業局長

辰ちゃんは平成十一（１９９９）年四月一日、知事から熊本県公営企業管理者・企業局長の辞令を受けた。

この企業局は辰ちゃんが四年前の平成七年四月から平成九年三月まで二年間、企業局次長として勤務した職場であり、仕事の内容は熟知していた。

その企業局の業務の概要を改めて掲げれば、

・県営水力発電所〔藤本・市房・緑川の各発電所〕の管理運営。
・県営工業用水道〔有明・八代の各工業用水道〕の管理運営。
・県営有料道路〔阿蘇登山・菊池阿蘇の各有料道路〕の管理運営。
・県営ダム〔都呂々（苓北町）ダム〕の管理運営。
・県営有料駐車場〔熊本市有料駐車場〕の管理運営。

などである。

辰ちゃんはこれらの県営企業の管理運営に熊本県公営企業管理者・企業局長として尽

力することになった。

辰ちゃんは企業局の各事業の推進に当たり、その統括責任者として職員を指揮監督し、自らも奮励努力して県営事業の向上発展に取り組む毎日である。

また辰ちゃんは企業局の既存の諸事業を適正に管理運営する一方で、新規事業の開発にも極力取り組んでいる。

それは、
一、菊鹿町に建設中の「菊鹿発電所」の今年度内の完成を目指す。
一、緑川第三発電所の建設に着手する。
一、電気事業の効率的運営を図るため、県庁近くに「熊本県企業局発電総合管理所」を完成させ、来春四月一日からの運用開始を目指す。このことで企業局が所有する七発電所（運転中六、建設中一）は、この管理所から常時、監視制御され、そのことで各発電所の無人化が可能となる。
一、阿蘇登山有料道路の無料開放に向けて関係方面と協議し、その実現を目指す。
などがあり、辰ちゃんはこれら新規事業にも企業局職員と一丸となって、その推進に努め励んでいる。

こうした中で、熊本県では全国規模の大きなスポーツ大会が開催された。

その大会の成功に向けて動員された辰ちゃんは企業局の仕事に専念する傍ら、その大会の支援にも尽力する。

それではここで一休みして、その大会での辰ちゃんの活躍ぶりを辰ちゃんの〝こぼれ話〟として垣間見てみよう。

☺辰ちゃんの〝こぼれ話〟その（一）

平成十一年九月十一日、第五十四回国民体育大会「くまもと未来国体・夏季大会」の開会式が熊本市総合屋内プール〝アクアドームくまもと〟であった。

これに続いて十月二十三日、同国体の「秋季大会」の開会式が熊本県民総合運動公園陸上競技場で開催された。

その前日、十月二十二日には天皇皇后両陛下行幸啓における熊本県庁御訪問があり、知事をはじめ、県職員が礼を尽くして奉迎する。

かくして各競技が県内各地で開催され、県民挙げての熱狂的な応援のもと、競技は盛会裏に実施されてゆく。その中で辰ちゃんは桂宮殿下お成りに随行して、その職責を果たすのだった。

☺辰ちゃんの〝こぼれ話〟その（二）

平成十一年十一月六日、第三十五回全国身体障害者スポーツ大会「ハートフル熊本大会」があり、その開会式が県民総合運動公園陸上競技場で開催された。

その翌日には同大会に御来熊されていた皇太子、同妃両殿下行啓における県庁御訪問があった。知事をはじめ、辰ちゃんたち県職員は襟を正して奉迎するのだった。

こうして「ハートフル熊本大会」の競技が各地で開催され、これまた県民挙げての熱烈な応援がなされてゆく。

閑話休題

記述は前後するが歳序は怱々《そうそう》として移り行き、辰ちゃんは十一月三日、「文化の日」

に五十九歳の誕生日を迎えた。

ところで県職員の退職年齢は現在六十歳であるが、慣例として一定以上の役職に付いている職員は五十九歳で退職の勧奨を受け、それに従うことになっている。

辰ちゃんは誕生日の前日、十一月二日に副知事室から呼び出しを受けた。辰ちゃんが副知事室に行くと、そこで辰ちゃんは副知事から県庁退職の勧奨を受けるのだった。

一瞬、辰ちゃんは県庁役人生活三十六年間がまるで一夢のように思い出され、その過ぎし日の日々の感慨が一入《ひとしお》胸に迫る思いである。それでも覚悟はできていた。辰ちゃんは複雑な心の動揺を抑えながら、勧奨退職を受諾すると副知事室を後にした。

さて、年末を迎えた企業局は一段と毎日が多忙である。そんな中、辰ちゃんは十二月二十二日、冬至、一陽来復の日に先日の副知事からの勧奨退職を受け入れて、人事課に退職願いを提出したのだった。

かくして冬至を過ぎると師走の日々はもうまっしぐらに進み行き、県庁の「仕事納め」、そして大晦日《おおみそか》へと急ぎ到る。

平成十一年が暮れ、新年の朝を迎えた。

今日から西暦二〇〇〇年、新ミレニアム（千年紀）の始まりである。国連は今年を「平和と文化のための国際年」と位置づける。

更に今年の干支は庚辰《こうしん》（かのえ、たつ）の年で、十二支の辰は「夜明け」を意味し、希望の年の幕開けであり、誠に縁起がいい。

辰ちゃんにとっては、正月行事の役を担う年男の年であり、更に還暦を迎えた本卦返《ほんけがえ》りの年でもあった。

こうしてめでたい正月を迎えた辰ちゃんは、三十六年間勤めた県庁役人生活の終章を迎え、その上で新たな人生の門出となる今年がこのように慶福《けいふく》の年に恵まれたことに深い感銘を受けるのだった。更に新春を迎えた辰ちゃんの希望は、意万重《いばんちょう》として心胸を盪《ゆる》がしている。それは辰ちゃんの辰は、取りも直さず龍に通じ、一体であるとの思いである。

豪傑の士が活動の機会を得ることのたとえに「龍雲を得《りゅううくもをう》」という言葉がある。辰ちゃんは豪傑ではないが、県庁を退職した第二の人生のスタートの今年が、昇り龍の勢いとなって活躍できる一年となることを願い、その心中はまさに〝青雲の志〟に燃える年明けであった。

正月三が日が過ぎ、翌四日、県庁ではプロムナードで「仕事始め式」があり、知事の年頭のあいさつがあった。その後、企業局でも職員同士が互いに新年のあいさつを交わすと正月のめでたい気分も吹っ飛び、各職員は司々《つかさつかさ》に応じて早速仕事に取りかかる。辰ちゃんはといえば、退職までの三カ月間、企業局の懸案となっている諸事業に全力投球する毎日が続いてゆく。

こうした中で県庁に青天の霹靂《へきれき》のような衝撃が走った。

二月二十五日に知事が急逝されたのだ。このため新しい知事が誕生するまで副知事が知事職務代理者となって、県政が進められてゆく。

この県政動乱のとき、退職を間近に控えた辰ちゃんには既述の新規事業開発の中で二つの重要な仕事が残されていた。

一つは電気事業の効率的運営を図るための「熊本県企業局発電総合管理所」を完成させ、今年四月一日からその運用を開始すること。

もう一つは菊鹿町に建設中の「菊鹿発電所」の年度内完成である。

辰ちゃんは三月末の退職を目前にして最後の頑張りに尽力するのだった。

こうして三月二十七日に「菊鹿発電所」の竣工式を行い、同三十日に「発電総合管理所」の開所式を執り行って計画通り、四月一日からの運用開始に間に合わせることができたのだった。

これより先、三月二十八日には退職者送別式が知事不在のため、その代理としての出納長、そして県議会議長や県庁幹部の出席のもと、県庁近くのホテルで開催された。その席上、辰ちゃんは今年度退職者百三十九名を代表して退職者あいさつをする。

退職者送別式での代表挨拶

只今、ご紹介を賜りました泉田でございます。

大変僭越ではございますが、退職者百三十九名を代表いたしまして一言お礼のご挨拶を申し上げます。

私共、長い間奉職いたしておりました熊本県を無事に退職することができました。

また、本日は私共のために、このように送別の式を催していただきまして、誠にありがとうございました。そしてただ今、出納長並びに島津議長から温かいねぎらいと励ましのお言葉をいただきまして、誠にありがたく、身に余る光栄でございます。

私共は、これまで、県民福祉の向上を願ってそれぞれの分野で懸命に担当事務に取り組んできたと思っておりますが、ご期待に添えなかったことも多々あったかと思います。

また、時には挫けそうになったこともございましたが、本日まで職務を全う出来ましたのも亡くなられた福島知事や本日御出席いただきました議長をはじめ、諸先輩方のご指導、ご鞭撻の賜物でございます。改めましてこの場をお借りして心からお礼を申し上げます。

特に、福島知事は、「生活者の視点」「地域の視点」に立った、「生活創造」

という新しい方向を県政運営の基本目標として示され、これまで本当に光が当たっていなかったような分野にも、確実に目配りをされながら、私共の先頭に立って県の発展を図っていただきました。この度は、あまりにも突然のご逝去であり、悲しみは当然でございますが、改めて福島知事の偉大さを痛感しております。この様な尊敬できる人の下で、働くことができたことは、私共の一生の誇りでもあります。

さて、私共は、昭和三十年半ばから四十年代前半に入庁したものが殆どでございます。

私が入庁当時は、東京でオリンピックが開催され、岩戸景気の波に乗って日本経済が右肩上がりの成長を続けていた時でありまして、交通網等のインフラの整備が進み、県民所得も順調に伸びてきていた頃でございます。

その後、昭和四十一年に長年の念願であった天草五橋が開通、その翌年には、現在の本庁舎である県庁舎が完成し、引っ越しをしたことも今となっては、大変懐かしく思い出されます。また、昭和四十六年には、熊本空港と九州縦貫道路の熊本・植木間が開通するというように、次々と熊本の新しい社会基盤が整備され、また、農業、林業、水産業など県内の基盤産業にも活気がでるなど、県勢の発展が大きく図られてきたことは、先ほど出納長のお言葉にもあったとおりでございます。

一方で、長年の課題であった水俣病問題、九州新幹線問題等、数々の難題がございました。それらの殆どは、亡くなられた福島知事のご努力、また、県議会からの大きな後押し・ご協力もあり、大きな峠を越えております。

また、昨年は、第五十四回の国民体育大会「くまもと未来国体」と、それに続く第三十五回「ハートフルくまもと大会」が大成功のうちに幕を閉じました。施設整備や道路の整備など大会の準備に微力ながら携わってきたものとして、大変嬉しく、また、ほっとしております。熊本県の次なるステップアップを象徴するような思い出に残るすばらしい大会となりました。

今後、地方公務員を取り巻く環境は、地方分権の推進や介護保険がいよいよスタートするなど大きな変革の中にあり、今まで以上に使命感を持って業務にあたらねばなりません。しかしながら、きっと、熊本県職員ならば、あらゆる困難も着実に乗り越えられるものと確信しております。

私たちはここに、県庁生活を終えようとしておりますが、星霜三十有余年、長いようであっという間でございました。今は、長いこと大過もなく勤務を全うしたことに満足感を感じております。

今後は、健康が続く限り、〝熊本のこころ〟を大切にし、未来への展望と誇りを持てる郷土を築いていくために、陰ながらお手伝いができればと思っています。

最後になりましたが、ご列席の河野出納長並びに島津議長、来賓の皆様をはじめ退職者の皆様、ご家族の皆様のご健康とご多幸、ご健勝を心からお祈りいたしまして私のお礼の言葉に代えさせていただきます。

本当に有難うございました。

平成十二年三月二十八日
公営企業管理者・企業局長　泉田　辰二郎

かくして辰ちゃんは三月末日をもって公営企業管理者・企業局長を最後に県庁官職を退職する。

県庁を後にして若葉成す銀杏《いちょう》並木の続く県庁プロムナードを歩く辰ちゃんの胸中には、労逸を績《つむ》ぎながら務めた三十六年間の思い出が夢一場となって、次から次へと思い出されてくるのだった。

その果てに辰ちゃんの心中には新たな人生に向けての希望が〝青雲の志〟となって静かに燃え立っていた。

（了）

あとがき

東京でオリンピックが開催された年、昭和三十九（１９６４）年の四月一日付で熊本県事務吏員となった。

爾来《じらい》三十六年間、県職員として県民の皆さん方の幸せを願い、県政発展に刻苦勉励し奉職する。

その間、多岐にわたる仕事の面ではその苦難に立ち向かい、職務の適正かつ迅速な遂行に鋭意取り組んできた。

また、人生行路の面では豊かな日々の生活が送れるようにと奮励努力してきたところである。

この職務の遂行や人生行路においては、多方面にわたる多種多様な経験に直面した。

かくして、歳華《さいか》は多彩な事柄を秘めながら久しくとどまらぬ、ゆく河の流れのようにして毎日が過ぎていった。

一方、この波瀾《はらん》にとんだゆく河がその時々の労逸《ろういつ》を績《つむ》ぎながら流れ下る傍らで、時として所々にその河からその余滴がはみ出す。

そこには県職員として幾多の困難な職責に尽力し、また一家を支えるあるじとして清貧に安んじていた日常生活に何とその派生としての余滴が一層の潤いを与え、彩り添える世情となって展開されていた。

県職員を退職して二十数年の歳月が経った今日、その当時のことを思うとき仕事や暮らし向きはともかくとして、むしろさまざまな泣き笑いをした余滴の方が一段と蘇《よみがえ》ってくる。

そこで県職員当時を振り返り、主としてこの余滴を〝こぼれ話〟として書き下ろそうと思い立ち、執筆に励んだところである。

この随筆を一人でも多くの人に読んでいただき、そのことでひとときの喜びを、そして豊かな人生を過ごすためのささやかな一助となることを願ってやまない。

末尾となったが、この上梓《じょうし》に当たって相談相手となってくれた妻、そして出版社の熊日サービス開発㈱の村田徹氏、今坂功氏、ほかには一方ならぬご配慮を頂いた。ここに深甚の謝意を表する次第である。

令和六年十一月吉日　　泉田　辰二郎

筆を納め、乱帙《らんちつ》を収めて静かに机に向かうとき、随筆を書き終えたことでの安堵の中、その余滴となって詩心がふつふつと湧き起こり、そこには一篇の漢詩ができていた。ここに「餘生《よせい》」と題した漢詩一首を記載して結びとしたい。

餘生

杖朝添四白鬚人
昔日紅顔衰世塵
何道加齢何擲志
老當益壯是生眞

上平声十一真韻

余生《よせい》

杖朝《じょうちょう》四《し》を添《そ》う白鬚《はくしゅ》の人《ひと》
昔日《せきじつ》の紅顔《こうがん》世塵《せじん》に衰《お》いたり
何《なん》ぞ加齢《かれい》を道《い》わんや何《なん》ぞ志《こころざし》を擲《なげう》たん
老《お》いて当《まさ》に益《ます》ます壮《そう》たるべし是《こ》れぞ生《せい》の真《しん》たらん

語意
餘生…残った寿命　　白鬚…白いひげ
杖朝…八十歳　　世塵…世間の俗事

大意
その人は、白髪頭の満八十四歳の高齢となっていた。昔の若かりしころのはつらつとした生気あふれるかの紅顔は、世間の俗事を経た今ではすっかり色落ちしてしまっている。

その人はその老軀《ろうく》に思いを馳せると一瞬悲嘆に沈むが、その傍らでは今もなおその心の底に明日への希望の光が静かに燃えていた。その炎が叫んでいる。

〝何んで老齢を嘆くのか。どうして希望の志までも投げ捨ててしまおうとするのか〟と。

その人はその叫びを聞いて浩然の気を取り戻す。と同時にその人の胸中に〝たとい老いても心身共々益々壮健であるべきだ〟との箴言《しんげん》が胸に迫る。

これこそがこれからの余生を元気に楽しく、そして希望に輝く人生として生きる誠の道、真理ではなかろうかとの思いがその人の心胸を盪《ゆる》がしていた。

◎著者プロフィル
泉田　辰二郎
(いずみだ　たつじろう)

昭和15年11月３日、熊本県菊池郡泗水町（現菊池市泗水町）大字南田島1351番地に出生。同志社大学卒業。

昭和39年、熊本県職員となり、以来36年間県に奉職。その間、熊本県芦北、天草、東京の各県事務所長を歴任し、平成12年３月、熊本県公営企業管理者・企業局長を最後に県を退職。

平成14年７月、泗水町助役に就任。同17年３月、菊池北部４市町村合併が成り、新生菊池市の誕生により助役を退職。

平成23年11月、秋の叙勲で瑞宝小綬章を受章し、現在に至る。

秀峰堂吟剣詩舞会吟詠・剣舞師範。柔道２段。熊本市中央公民館自主講座「漢詩入門」講座講師。熊本市坪井公園愛護会会長。

著書『漢詩集　自然と人生の感動綴る』第１巻（平成15年刊行)、第２巻（同27年刊行)、『小説　天然の輝く刻』（令和３年刊行)

県庁マン　辰ちゃんの涙と笑いの“こぼれ話”

令和７(2025)年３月31日　初版発行
著者　泉田　辰二郎
制作　熊日出版
(熊日サービス開発株式会社)
〒860－0827
熊本市中央区世安1-５-1
電話　096(361)3274
装丁　臺信　美佐子
印刷　シモダ印刷株式会社

ISBN 978-4-911007-18-1